POEMiE ™

TOM DE TOYS

alias *Freiherr von Freifahren*

RU[H]R
RÄTSEL

Meine Zeit als
Taxi-Chauffeur

2012 – 2013

Hrsg. G&GN-INSTITUT 2021

Der 53-jährige Autor 2021 © www.TomDeToys.de

Tom de Toys, geb. am 24.1.1968 in Jülich/NRW, lebt seit 2012 in Düsseldorf Eller Süd. Machte 1989 eine sogenannte Lochismus-Erfahrung, die seine *"Direkte Poesie"* initiierte. Gründete 1990 das **Institut für Ganz & GarNix** (g-gn.de), entdeckte 1994 die "Erweiterte Sachlichkeit" als Liebeslyrik-Therorie (liebe2go.de), gewann 2000 den ersten Nahbell-Lyrikpreis (poesiepreis.de), erfand 2001 die Quantenlyrik (quantenlyrik.de) und gründete seine **Trademark POEMiE™**. Seit 2015 Anhänger von Nullyoga und Gastautor bei der LDL (Liga der Leeren). Organisierte bis 2017 drei Offlyrikfestivals (lyrikfestival.de). Seit 2018 als *"zusätzliche Betreuungskraft"* zertifiziert (betreuungsalltag.de). Reaktivierte 2019 seine Freejazz-Klavierreform "Das Desinteressierte Klavier" (nondualjazz.de). Alle lieferbaren Bücher im BoD Verlag via Amazon @ Neurogermanistik.de & Apple @ Neuroliteratur.de

Publikationen (Auswahl aus ca. 200 Büchern & Heften, seit 2014 mit ISBN):
1989 "Die Mystische Inflation" *(Das komplette Frühwerk in 4 Bänden im Schuber)*
1990 "Das Letzte Buch" *(Kunstkatalog mit ausgewählten Bildern & Gedichten)*
2014 "ZIELE DER ZÄRTLICHKEIT" *(Jubiläumsausgabe aller E.S.-Liebesgedichte 1994-2014)*
2015 "BODENLOS VERWURZELT WIE EIN STERN" *(Großer Werkquerschnitt 1985-2015)*
2018 "NEUROSMOG – ABGRUNDTIEFE WELTROUTINE" *(Kritische Poplyrik 2011-2015)*
2020 "POETROPIE" *(Metapoetologie der Neuropoesie 1993-2020 inkl. Corona spezial)*

ORIGINALAUSGABE 2021
ISBN 9 7 8 3 7 5 3 4 4 2 0 1 3
Coverfotos: 11.3.2021 @ Ecke Gumbertstraße/Alt-Eller
© Herstellung und Verlag: **BoD** – Books on Demand, Norderstedt

"Jetzt bin ich also ein rädchen im getriebe. Immerhin läuft das getriebe der limousine reibungslos, so daß das fahren einem paradiesischen zustand gleicht: ich bin zwar in permanenter bewegung, aber sitze zugleich in aller seelenruhe auf demselben fleck. Sogesehen ist taxifahren ein einziger traum; denn ich gleite im nächtlichen neonlicht lautlos über die straße, als schwebte ich zwischen meteoriten durch das universum dieser rastlosen stadt..."

FREIHERR VON FREIFAHREN

Nachdem ich mich jahrelang autodidaktisch im automatischen Schreibfluss als Dichter geübt hatte, wagte ich mit dem Beginn meiner Berufstätigkeit als Taxi-Chauffeur einen Schritt, der mit dem Therapietrip als Vorläufer-Blog hinreichend getestet war: meine Gedanken per SMS-Funktion eines Handys während der Schicht zu notieren. So entstand nach und nach dieses spontane Logbuch, in dem man die Hintergründe nachlesen kann, wie und warum ich das Leben als freier Künstler in der Berlin-Neuköllner Szene hinter mir ließ, um zurück ins geheiligte Rheinland zu ziehen, was ich für Anlaufschwierigkeiten bewältigen mußte, um freie Fahrt auf allen Ebenen zu erwerben und darüber hinaus dann natürlich die eigentlichen Kerngeschichten: tiefenliterarische Momente auf den nächtlichen Fahrten, ausgelöst sowohl durch reale Ereignisse als auch durch Gespräche mit Kollegen und Kunden sowie dank der freien Zeit während der HOCHKONZENTRIERTEN TIEFENENTSPANNUNG im Autositz...

**"Die Sonne schien,
da sie keine andere Wahl
hatte, auf nichts Neues."**

Samuel Becket: MURPHY (1938)

INHALT

Unter dem Pseudonym *"Freiherr von Freifahren"* schrieb Tom de Toys während der Ausbildung zum Taxichauffeur 2012-2013 ein **Internet-Tagebuchblog** über das erlernte Stadtwissen, das danach in seiner kurzen Zeit auf der Straße in **Taxilyrik** mündete. Aufgrund gesundheitlicher Probleme musste er aber bereits nach einem Monat kündigen, weil ihm das stundenlange Sitzen nicht möglich war, ohne Schmerzsymptome zu provozieren, die zu Verkehrsuntüchtigkeit führten. Inzwischen hat er seinen zweiten Traumjob gefunden und ist eine zertifizierte Betreuungskraft für Senioren im Pflegeheim, wo der hart erarbeitete **"Personenbeförderungsschein"** doch noch von Nutzen ist...

33 Kapitel des Tagebuch-Blogs

17.Freifahren 10.1.2013
(VERTEILT & VEREWIGT)

18.Freifahren 13.1.2013
(POLITIK & WIRTSCHAFT IM VERKEHR)

19.Freifahren 15.-19.1.2013
(ZEITMANAGEMENT & ZAHNSCHMERZ)

20.Freifahren 21.+23.1.2013
(ANSPRUCHSVOLL & ABGEHEND)

21.Freifahren 27.1.2013
(METTMANNER MÄRCHEN, MALER & MEHR)

22.Freifahren 31.1.2013
(NELKEN, NIXEN, NIETZSCHE UND NEANDER)

23.Freifahren 3.+4.2.2013
(DAS DOPPELTE IM DREIECK DENKEN)

24.Freifahren 8.+9.2.2013
(VERLAUFEN & VERLAUFEN)

25.Freifahren 20.+23.2.2013
(MITTWOCHS, MERZ & METAJOB)

26.Freifahren 27.2.2013
(SALBEI, SALMIAK & SCHWIT-ZEN)

27.Freifahren 4.-6.3.2013
(SCHWACH & SCHWINDLIG)

28.Freifahren 11.-17.3.2013
(FUNKTIONSKNÖFPE & ÜBERFLIEGER)

29.Freifahren 28.3.2013
(AUSSCHALTEN & ABSCHALTEN)

30.Freifahren 4.4.2013
(ZWANGSPAUSE & ZIELGRUPPEN)

31.Freifahren 9+10.4.2013
(RÜCKEN, AUSRÜCKEN & AUFRÜCKEN)

32.Freifahren 11.4.2013
(TRAMADOL STATT PARACETAMOL)

33.Freifahren 15.4.2013
(TROJANER STATT TRAMADOL)

Digitaler Freifahrschein der Literatur

Wenn normale Sätze von Tagebucheinträgen nur durch gezielte Zeilenumbrüche zu Gedichten mutieren, wird deutlich, warum die **WZ (Westdeutsche Zeitung)** bereits 1995 in ihrer Rezension der Zeitschrift LITERATUR AM NIEDERRHEIN über den Ansatz der Neuropoesie als "*stream of consciousness*" urteilte: "*...als Überraschung im Sinne von Paukenschlag dagegen zeigen sich die Wortsturzbäche – eine tolle Entdeckung*". Tom de Toys nennt seine Neuropoesie auch "*Direkte Dichtung*", weil sie das tabulose, ungefilterte Fließenlassen der spontanen Sprache erfordert, um höchste Authentizität und den Einsatz trivial klingender Alltagswörter als Voraussetzung für permanente Innovation und ideologielose Selbsttranszendenz in der Lyrikproduktion zu garantieren.

Die **Multimedialität des Buchprojekts der Taxilyrik** folgt der digitalen Selbstverständlichkeit des Autors, deren Wurzeln bis zur Gründung der ursprünglichen Internetseite seines G&GN-INSTITUTs im Jahre 1998 (als eins der ersten Online-Literaturprojekte, 2011 zu Jimdo umgezogen) zurückreichen. **Mit einem animierten Gedichtzyklus seiner experimentellen** Quantenlyrik **(.de)** leistete De Toys dann 2001 einen offiziellen Beitrag im Wettbewerb für echte "*digitale Literatur*" (vom dtv Verlag & T-online) und erarbeitete im Corona-Lockdown 2020 das poesiepädagogische PDF "*LERN:LYRIK*" (Schulgedichte.de) **für die** *learn:line* **des Schulministeriums NRW.** Tom de Toys betreibt bereits seit vielen Jahren zahlreiche Internetseiten für seine diversen Kunst- und Literaturprojekte mitsamt der dazugehörigen Domainnamen (wie z.B. Poplyrik.de für seine Poetryclips seit 2009), lange bevor die Regierung den "*Digitalpakt Schule*" proklamierte, und arbeitete sogar schon von 2005-2009 als Redakteur für das Berliner Künstlernetz Neukölln, dessen Mitgliedern er in Crashkursen die Bedienung ihrer Portalseiten (nicht nur als bessere Visitenkarte) beibrachte. **Mit der TAXILYRIK tritt De Toys unter dem Pseudonym Freiherr von Freifahren den Beweis an, daß ein komplettes homeschooling-taugliches Literaturprojekt, das also nicht nur didaktisch in den** Primärtext **(den SMS-Blog von 2012/2013, ergänzt um brandneue Gedichte von 2021) und seine** Printversion **als klassisches Buch einführt, sondern sowohl eine** ebook-Ausgabe **(natürlich mit integrierten Aktivlinks) als auch eine eigene** Homepage **mit eingebetteten** Poetryclips **und** Hörbuch-Beispielen **umfasst, nur mithilfe eines Mobiltelefons generiert werden kann:** angefangen bei den selbst geschossenen Fotos für das grafische Design über die Verbreitung auf diversen social media Kanälen bis zur Videoselfie-Rezitation!

Der Performer, Fotograf und Dichter möchte damit nicht nur junge und jung gebliebene Menschen an sich, sondern besonders **Bettlägrige, Lebensmüde, Gelangweilte, Vereinsamte und vom Leben Enttäuschte inspirieren**, das derzeit wohl wichtigste Medium ihrer Generation bzw. Epoche nicht nur zum Konsumieren vorgefertigter Inhalte der kapitalistischen Popindustrie zu nutzen, sondern sich selber an der kreativen Mitgestaltung der Bildungsgüter im Internet zu beteiligen, indem sie ihre Geschichte und ihr Lebenswissen für andere erzählen, denen der Einblick in nicht selbst erfahrene Lebenswelten ansonsten verschlossen bleibt. Überlassen wir es nicht den Marketingfirmen und Großkonzernen, uns mit ihren überflüssigen Influencerprodukten totzuchillen – schaffen wir selber interessanten Content, der zum Nachdenken über die Welt und den Sinn des Lebens anregt!

In diesem Sinne viel Freude am Taxilyrikprojekt...

MULTIMEDIALE PRÄSENTATION

https://taxilyrik.jimdosite.com

https://youtube.com/user/TAXILYRIK

https://soundcloud.com/taxilyrik

https://instagram.com/taxilyrik

https://facebook.com/TAXILYRIK

https://twitter.com/TAXILYRIK

PLAYLISTS

https://soundcloud.com/taxilyrik/sets/ruhrraetsel

https://www.youtube.com/playlist?list=PLkMgIITA2PugPzYlWzC5Z2cuHM1SAovhr

RUHRGEBIET

NRW

REGIERUNGSBEZIRK
DÜSSELDORF

Schnittmenge:
Anteil des
Ruhrgebiets im
Regierungsbezirk
Düsseldorf

G.GN.DE 2021

ÖPNV: ÖKOLOGISCHE PANDEMIENAHVERKETTUNG
(DAS SCHWERE HERZ FLIEßT IMMER STROMAUFWÄRTS)

also die ganze sache mit dem ballungsraum ruhrgebiet
ist ja total ballaballa das fängt doch schon damit an
daß sich ein düsseldorfer taxichauffeur gar nicht im ruhrgebiet aufhält
aber trotzdem jeden der fünf millionen einwohner des größten
deutschen ballungsraums an jeden xbeliebigen punkt der
viertausend quadratkilometer befördern muss und zwar für den tarif
des verkehrsverbunds (jetzt kommts, aufgepasst) *"rhein-ruhr"* woran
eigentlich schon deutlich wird wo wir uns tatsächlich befinden:
im erweiterten rheingebiet! einige ruhrbürger werden darüber
womöglich empört sein aber dann schaut euch ganz einfach mal an
wo der rhein und die ruhr durch die landschaft fließen denn
EURE ruhr fließt überhaupt nicht durch das gesamte ruhrgebiet
während der rhein zum beispiel im kreis wesel über vierzig kilometer
zurücklegt da seid ihr platt tja das glaube ich aber es kommt noch
viel schlimmer: die lippe mündet in wesel sogar in den rhein und
die ruhr mündet in duisburg sowieso in den rhein und der rhein fließt
dann in holland tätä mit der RICHTIGEN rur (ohne h) zusammen die
nämlich aus jülich kommt und darum kann man mit reinstem gewissen
behaupten: **das ruhrgebiet geht eigentlich bis jülich** was die
stromaufwärts gerichtete vermengung der wassermoleküle betrifft
so daß auch ich als geborener jülicher nicht nur rheinländer bin
sondern auch doppelru(h)rbürger das geht einigen hier wohl zu weit
wie ich den buhrufen entnehme aber die sorgfältig erhobenen fakten
sprechen dafür **außerdem seid ihr noch nicht einmal ein eigener
regierungsbezirk sondern werdet von drei anderen schön brav verwaltet
darunter natürlich auch düsseldorf!** ok das war jetzt ein bißchen unfair
unter der gürtellinie denn ihr kommt auch ganz gut ohne uns klar
wie zum beispiel als europäische kulturhauptstadt im jahre 2010 als
der gesamte lyrikbetrieb poesie einreichte die bei euch überall als
progressive landartlyrik an der frischen luft baumelte jaja ich gebe zu
ich war auch mit dabei habe mich von den literarischen sirenen
verführen lassen zu dieser großartigen idee von denen viel zu selten
in unserem sogenannten *"land der dichter und denker"* welche

umgesetzt werden ich habe schubladen voll von ideen für lyrik im öffentlichen raum aber seit 2020 beschränken sich alle visionen auf virtuelle quarantänelyrik gefördert wird pandemiepoesie oder auch nicht aber ich habe ganz andere pläne eine rheinbahn mit quantenlyrik wie sie schon 2003 durch berlin fuhr fände ich ziemlich cool für eine angebliche *"literaturstadt"* aber als zugezogener düsseldoofer und ehemaliger kölner habe ich für solche umweltpoetisierenden vorschläge keine lobby die literatur muss auf bessere zeiten warten während die taxichauffeure verrückte touristen zum sythener silbersee in den hohen norden nach haltern befördern wo sie nach außerirdischen schätzen tauchen denn dort ist ein meteorit abgestürzt während weit weg im westen noch hinter der sonsbecker grenze der erweiterte kunstbegriff 2021 hundertsten geburtstag feierte von diesem zivilisierten lärm um nichts wurde sogar in der lippeaue am östlichsten ende der heimliche wachtelkönig so aufgescheucht daß er im majestätischen zickzack nach osenberg zur ennepetalsperre segelte wo endlich frieden einkehrte bei den gestauten wassermassen die darüber meditieren eines tages (über die volme bei hagen) in die ruhr abzufließen nachdem ihre energie umgewandelt wurde **energie umzuwandeln mit einem zauberspruch ist der ultimative wunsch eines poeten die sprache als heilsame hexerei** durch ein selbst erfundenes abc bis zum <u>x</u>antener x oder <u>y</u>acher y im schwarzwald und dann zurück über köln nach hause nach hause nach hause ist kein geografischer ort das "<u>z</u>uhause" ankommen ist ein geheimer seelischer mittelpunkt ein nullpunkt ein punkt ist ein loch ist eine leere ist eine xbeliebige stelle auf einer linie an der ich anhalte den motor abschalte und eine verschnaufpaufe einlege eine zigarettenpause eine pinkelpause kaffeepause gedankenpause problempause atempause **das wahre erholungsgebiet für die flatternden nerven liegt nicht an der ruhr oder am magnetischen rhein** nein nein nirgendwo ist die verweilzone so legendär wie zuhause wo ich den verrosteten kran aufdrehe um dem mystischen rauschen des gereinigten grundwassers zu lauschen erinnerungen an den geografischen mittelpunkt* [1] des ruhrgebietes wachzurufen neben* [2] dem meine oma wohnte und ich als kleiner junge alleine zur eisdiele* [3] schlenderte...

*1) Rolandstr.49
*2) Haydnstr.21
*3) Eisdiele "Cortina"

Aber da ist diese innere stimme in mir, die befiehlt den prozess zu dokumentieren, denn diese einmalige chance kommt niemals wieder, es ist eine art pflicht meines schriftstellertums, alles einmalige festzuhalten und durchzureflektieren (...) Der denker empfindet die fragen als selbstverständlich, natürlich und notwendig! Das unterdrücken von denkprozessen gleicht einem hochverrat an der NEUGIER.

FREIHERR VON FREIFAHREN

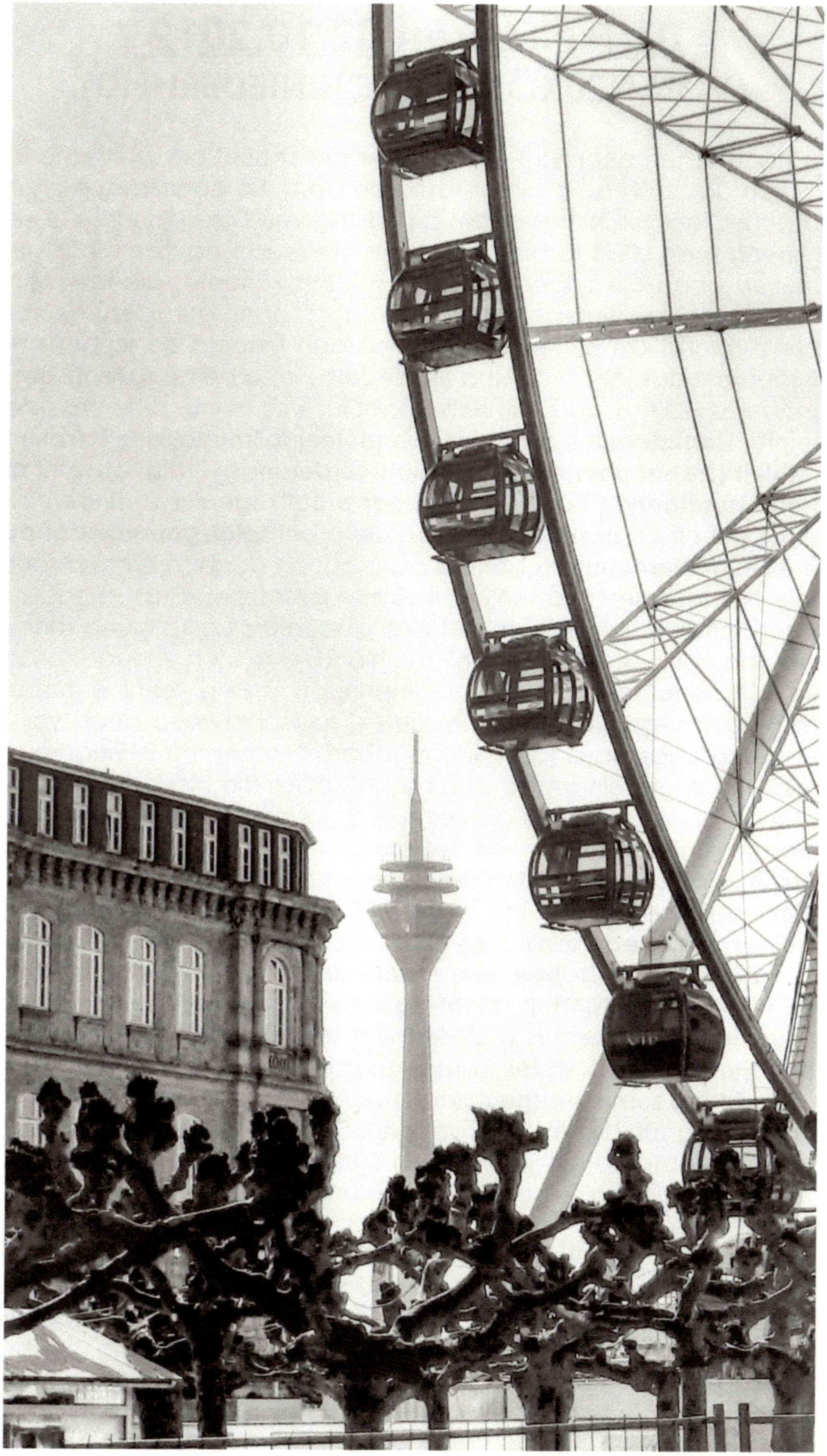

01.Freifahren 02.10.2012
(VON NEUKÖLLN NACH NIEDERHEID)

Ich gleite im nächtlichen neonlicht lautlos über die straße, als schwebte ich zwischen meteoriten durch das universum dieser rastlosen stadt. So oder so ähnlich stelle ich mir mein jungfräuliches fahrgefühl am ersten arbeitstag vor. Die visionäre vorwegnahme ist zwar riskant, denn man weiß ja nie... aber die vorfreude nach meiner viel zu langen odyssee generiert eben die bilder aus jener zukunftsvariante, die ich mir wirklich von herzen wünsche – und die wunschbilder ziehen mich dann geradezu neuromagnetisch dort hin! Aber zunächst gilt es, einige bürokratische hindernisse so ganz nebenei aus dem weg zu räumen: das jobcenter süd (in niederheid) arbeitet zu langsam, um auf die staatliche gnade zu warten, und hält sich bedeckt, was meine bitte um einen bildungs-gutschein betrifft. **Nachdem ich zunächst von meiner fallmanagerin falschinfos über die ausbildung erhielt (sie sei überteuert und nicht förderungswürdig, obwohl das angebot sogar auf dem hauseigenen kursnet-portal der arbeitsagentur zu finden ist), warte ich derzeit nicht nur auf einen bescheid, ob nun die arbeitsplatzgarantie der ausbildenden taxifirma mit 40 subunternehmern genügt** oder ob ich doch "*notfalls kloputzen*" gehen soll, wie es die fallmanagerin vorschlug, weil der gesetzgeber es angeblich laut richt-linien so will, sondern ich warte auch auf des jobcenters bestätigung meines versiche-rungswechsels von der aok berlin zur aok rheinland, denn ich verfüge seit gestern über keine gültige chipkarte, obwohl ich bei mehreren ärzten termine habe und beim gesundheitsamt den regulären tauglichkeitstest logischerweise noch vor beginn des 2-monatigen ausbildungskurses (ab mitte oktober) machen muß. Eingereicht hatte ich diesen wechsel vor exakt einem ganzen monat, aber die hiesige aok beruhigte mich mit den worten, man sei an die allgemeine langsamkeit der jobcenter gewöhnt, und ich könne die alte chipkarte so lange verwenden, denn die berliner kollegen wüßten bescheid. **Meine erfahrungen mit den jobcentern sind sowieso ziemlich ambivalent: auf dem neuköllner sozialamt wurde ich in der zeit vor hartz4 wie ein könig empfangen, mein zuständiger sachbearbeiter begrüßte mich immer sehr wollwollend mit den begeisterten worten "*herr holzapfel, was macht die kunst!*" und war erleichtert, endlich einmal einen nicht-alkoholisierten, nicht-aggressiven arbeitslosen vor sich stehen zu haben, der aus sich selbst heraus motiviert war und sich selber gedanken über seine eigene zukunft machte.** Mein erster fallmanager genehmigte mir dann fast zehn jahre später eine ausbildung zum kunsttherapeut, nachdem ich als online-redakteur & event-manager 4 jahre lang für 1 euro 50 in der neuköllner kulturszene gearbeitet hatte und diese stelle nicht nochmal verlängert werden durfte, da solche mikrojobs mit sogenann-ter "*aufwandsentschädigung*" eigentlich als sprungbrett zurück auf den ersten arbeits-markt dienen sollten, obwohl jeder wußte, daß das nicht funktioniert, die kulturszene außerdem von diesen jobs lebt und **das jobcenter froh war, daß es genügend kultureinrichtungen in neukölln gab, um die kreative masse dort unterzubringen. kunst-schaffen galt hier als politisch, weil der bezirk damit an lebensqualität gewinnen sollte** (man erinnere sich an den skandal um die fahrlässige verwendung des begriffs "*slum*" für neukölln). Leider mußte ich diese ausbildung kurz nach meiner ersten hochgelobten hausarbeit (über den griechischen schöpfungsmythos gaia & uranos) aus gesundheitlichen gründen abbrechen, der crashkursartige akademie-to-go-stil hatte mich seelisch derart zermürbt (ich fühlte mich schon prophylaktisch wie ein zertifizierter scharlatan), daß ich die seltsamsten somatoformen schmerzsymptome entwickelte. Sogesehen hatte der steuerzahler zehntausend euro umsonst in mich investiert, allerdings wurde das geld dringendst benötigt, damit die akademie-betreiber in weiteren städten *"ganz-heitlich orientierte"* akademien-to-go aufbauen konnten, an denen der sogenannte *"kleine heilpraktiker"* mit bildungsgutschein angeboten wird, und man mit diesem jodel-diplom dann irgendwelche leute *"psychologisch beraten"* darf, ohne eine professionelle lehranalyse absolviert zu haben, ohne ausreichende praktische übungen im unterricht (weil die zeit immer zu knapp war und es dem dozenten fürchterlich leid tat, denn gerade die anwendungsbeispiele seien doch eigentlich so wichtig, aber man bekam bergeweise papier zum durchlesen als theoretischen ersatz) und die sogenannten *"selbsterfahrungen"* nur pro forma in ein paar stunden mit höheren semesterstudenten abgehakt werden durften, denn diese kommilitonen konnten sich das wiederum für ihre eigenen pflichtübungen anrechnen lassen. Anfänger übten mit anfängern, frei nach dem humanistischen motto: *"sie wissen sowieso schon alles intuitiv, also entdecken sie gegenseitig ihre kompetenz in den netten doktorspielen zwischen berater & klient in wechselnden rollen!"* Es war eine erschreckend oberflächliche katastrophe, aber natürlich vom jobcenter gefördert, weil der gesamte wellness-sektor im trend liegt und die statistik dadurch gut gebügelt werden kann. Eine arbeitsplatzgarantie bekam ich DAMALS allerdings nicht, da sich der psycho- eso-, wellness- und ganzheitssektor täglich verändert (und die dazugehörigen privatkunden ebenfalls), ein unkalkulierbares inno-vatives feld eben. Aber JETZT, da doch endlich ein kindheitstraum mit seriöser arbeits-platzgarantie in erfüllung geht, will mich das jobcenter anscheinend nicht loswerden. **Wieviele *"stammkunden"* braucht eigentlich eine fallmanagerin, um ihren eigenen arbeitsplatz als *"vermittlerin"* abzusichern? Wieviele hartz4-empfänger dürfen in ihren bemühungen um einen arbeitsplatz unterstützt werden, ohne sich selbst den ast abzusägen, auf dem die agentur sitzt??? Spielt vielleicht sogar in meinem fall ein gewisser neid eine rolle, weil ich mich in jeder sekunde als freigeist kreativ *"selbstverwirkliche"* und den anthroposophischen ansatz gut finde, daß jeder mensch nur das zum wohle der gesellschaft tun sollte, was er inbrünstig gerne tut, weil er es dann eben auch richtig macht, nämlich als *"seelische wertarbeit"* anstatt im fastfoodmodus ohne tiefensoziologischen sinn für eine nachhaltige gesellschaftsutopie? Ist nicht jeder, der den ganzen tag im büro eines jobcenters abhängt, um die arbeits-losigkeit anderer zu verwalten, selber gefährdet, an seinem arbeitsplatz zu verküm-mern? Und wenn dann derart hochmotivierte leute wie ich alles versuchen, um einen job zu finden, wo sie NICHT SEELISCH VERKÜMMERN sondern ihre kompetenzen frei entfalten können, möchte dann nicht womöglich ein seelisch ausgebrannter sachbear-beiter lieber mit einem tauschen als einem zu helfen?** Schon bei der erstaufnahme im jobcenter stadtmitte fragte mich ein arroganter abteilungsleiter herablassend *"ob ich denn schonmal daran gedacht hätte, zu arbeiten"*, ohne zu ahnen, daß ich vor ihm saß, weil ich inmitten eines bewerbungsmarathons steckte (zu jener zeit wollte ich friedhofsgärtner beim gartenamt werden) und darum von berlin voller hoffnung auf einen neuanfang rüberkam. Daß ich 20 jahre lang *"ehrenamtlich"* kunst produziert hatte, die seine enkel wahrscheinlich in der höheren schule durchnehmen werden, ahnte er vielleicht, als er meinen künstlernamen im computer bemerkte. Ich schnauzte jedenfalls auf ähnliche weise zurück, um meine menschenwürde zu retten, und wartete prompt über anderthalb monate auf den hartz4-bescheid. DANKE. Danke, danke, danke. **So hatte ich mir das "*freifahren*" der gedanken hier eigentlich gar nicht vorgestellt, und mit taxilyrik hat das noch garnix zu tun, aber vielleicht ist es doch gut, meine vorgeschichte nicht ganz unerwähnt zu lassen, denn wer sich zum taxifahren entscheidet, hat bereits eine geschichte erlebt, bevor sein neues leben losgeht. Wir vertuschen sowieso viel zu viel im normalen alltag, jeder versucht doch, mit billigen masken zu glän-zen. Dank smalltalk-routine und hobby-ritualen glaubt jeder, man spüre die frustration nicht, dabei wissen es alle: JEDER IST FRUSTRIERT und wünscht sich ein anderes leben! Oder zumindest andere umstände am arbeitsplatz. Jeder heult heimlich ins kissen, nicht nur der arbeitslose, sondern auch präsidenten und topmanager.** Aber nach außen sind wir alle so wahnsinnig aalglatt und treiben mit dem orkan der geschichte direkt in die arme des rentenengels. Aber was sagt der engel der rente zu uns laut und deutlich? Der engel sagt: "*ich habe zwei einladungskarten für die vip-party bei meister tod und du bist mein begleiter!*" HERZLICHEN GLÜCKWUNSCH, DAS WAR DAS LEBEN.

JobZENtral-Diptychon (c) De Toys. 22.11.2012 @ Jobcenter Düsseldorf-Süd / www.artDdorf.de

02.Freifahren 04.10.2012
(GESUNDHEIT UND GENAUIGKEIT)

Noch immer keine post vom jobcenter. Habe alle leistungstests beim gesundheitsamt heute mittag zu 100% bestanden (herz, lunge, sehen, hören, kombinierte sinne, gestalt-wahrnehmung, gesichtsfeld, reaktionsgeschwindigkeit, urin), wie cool, bin megafroh, hatte tierisch bammel und konnte vorher nix essen. Jetzt verspätet gefrühstückt (es ist bereits abend), ein guter test für den schichtdienst, falls ich mal nachts fahre, dann wird das wohl absolut biederer normalzustand, hahaha, kein großer unterschied zu dem zeitschrägen künstlerrhythmus in berlin! **Taxi als kunstdisziplin, warum nicht? Beuys hätte so eine sicht auf den job nur gefallen...** Und eine arzthelferin meinte spontan: *"Was, sie machen den taxischein? Gehen sie bloß zu ---*bleep*---, deren autos sind nicht durch-gesessen und die fahrer immer hilfsbereit!"* Und genau dort fange ich an, bingo! Ich liebe diesen tag :-) Alles fühlt sich so richtig an, ein erleichtertes glücksgefühl strömt durch den bauch, ich genehmige mir ein biba (bier mit bananensaft) und kann endlich mal loslassen nach dieser viel zu langen phase existenzieller unsicherheit. **Das jecken-center macht krank, dort als KUNDE bezeichnet zu werden, ist blanker hohn.** Anstatt daß sich professionelle MANAGER um mich kümmern (wie es im berliner süden geschah!), saß meiner fallmanagerin selber ein supervisior im grauen anzug im nacken, was sie wohl dazu anstachelte, sich vom hohen roß in den bach zu stürzen, ohne zu ahnen, wie flach das gewässer bei einem selbstdenker ist, sprich: das flussbett klar und deutlich hervorsticht. Alles braucht seine zeit, auch die enttäuschung, um angemes-sene worte zu finden. Anfangs war ich noch glücklich über die *"dringlichkeits"*-kulanz bei der wohnungsgenehmigung, denn die endmiete ist zwar exakt auf den euro genau der erlaubte höchstbetrag, aber die heizkosten sind pro quadratmeter trotzdem zu hoch. **Damit hat die bürokratie des gesetzgebers ein kleines problem: Nicht das perfekte ziel zählt, sondern der korrekte korinthenkackerweg dahin. Seltsam, aber wahr, rheinland helaaf!! Weder in der wissenschaft noch in der kunst gäbe es intuitiven fortschritt, wenn jeder nur ausgetrampelten pfaden im kreise folgte.** Der ozean hinter dem zubetonierten urwald bliebe unentdeckt. Menschen rezitierten wie roboter goethe und amüsierten sich köstlich beim rückwärtslesen. Mehr war nicht drin. Häßliche welt, die solche langweiler gebirt! Aber für heute GENUG GEDACHT, ich pfeife mir jetzt einen bombas-tischen scifi-thriller rein (das zweite biba schäumt mir schon entgegen) und genieße den tageserfolg ohne weitere worte...

03.Freifahren 09.10.2012
(EIN JOBCENTER IST EIN CENTER MIT JOBS)

Gutes omen: direkt vor meinem fenster machte heut mittag ein rheintaxifahrer sein nickerchen. Nachdem ich mich GESTERN ganz früh morgens nochmal beim jobcenter über die ewig lange bearbeitungszeit beschwert hatte, trudelte HEUTE ein brief von der leistungsabteilung ein, der auf den 2.10. (rück-?) datiert ist, also angeblich 1 ganze woche von niederheid nach eller benötigte, ich lach mich weg! So viel zur langsamkeit der dienstwege. Leider ging es nur um den aok-wechsel, der angeblich schon am 5.9. *"berücksichtigt"* wurde. Aber warum weiß die aok dann bis heute noch nichts davon? Ich bin gespannt... Morgen melde ich mich verbindlich zur ausbildung an, ganz egal, ob der reiter vom hohen ROß seinen BACH hoch oder runter geht, denn mein eigenes flussbett ist leer und fließt darum in alle richtungen. Regen und wind fahren achterbahn durch das trockene flussbett, die sonne beleuchtet den leeren grund und mein ich wandert durch das labyrinth der risse im boden gen ozean und sammelt unterwegs bunte steine, muscheln, krebse, rostige relikte der zivilisation und das sprachlose glitzern der sandkörner. LEBEN ist viel größer und viel älter als die zähmung des feuers und die erfindung des rads. Die aok bestätigt, daß das jobcenter erst am 4.10. den datensatz zum internen wechsel *"übermittelt"* hat. Der heutige brief ist also glatt gelogen, sowas nennt man dokumentenfälschung und betrug, oder nicht? Oder der schicke begriff von *"berücksichtigung"* ist einfach beliebig dehnbar. **Bürokratendeutsch hat immer recht, der kunde spielt in dieser tragikomödie eine nebenrolle als geköpfter könig. Die meiers & müllers im jobcenter spielen götter in grauen kitteln. Schon die griechischen götter verstanden sich auf tricksereien, nicht nur zu homers zeiten, wie wir wissen. Ich weiß jetzt, warum das jobcenter jobcenter heißt: wer im jobcenter sitzt, hat einen job, und den gibt er nicht so schnell wieder her!** Na, das gibt einen netten skandal, und diesmal rollt nicht der königskopf des kunden... Helaaf !!

04.Freifahren 10.10.2012
(DOPPELTE LANGSAMKEIT)

Sagenhaft: gleich 2 superspontane anrufe vom jobcenter an 1 und demselben tag, sowas nenne ich kooperation! Keine 5 minuten nach absendung meiner erneuten beschwerde-email soeben die leistungsabteilung – klar, man reagiert selbstredend SOFORT, wenn einem vertuschung von verschleppung (VVV) vorgeworfen wird: das sei *"eine frechheit"*. Aber mich über 1 monat lang hinzuhalten und mehrfaches nachhaken zu ignorieren, sei dagegen normal, denn ich könne ja nicht erwarten, für jedes anliegen einen bescheid zu erhalten: wenn JEDER KUNDE das wollte, wo kämen wir denn dahin! Tja, wohin? Nach dem motto *"kunden stören kaffeekränzchen"* würde der kaffee wohl wegen MEHRARBEIT kalt oder was??? Aber der erste anruf war FAST motivierend: die VERTRETUNG meiner enttarnten fallmanagerin kann mir erst für den 25.10. einen termin anbieten, ohne den ich keinen bildungsgutschein bekomme. Nach 1 monat unterlassener hilfeleistung ist dringlichkeit weiterhin ein fremdwort. Mir solls recht sein, dann kann ich mich für den kurs ab dezember anmelden und bin dementsprechend ab märz 2013 berufstätig, muß meine jungfernfahrt also nicht mitten im schneegestöber absolvieren sondern erst wenn die tage schon länger und wärmer sind! Frühlingsgefühle als vorfreude, alles im grünen bereich... Und ich kann trotzdem schon jetzt düsseldorfs straßennetz einstudieren und habe 2 monate mehr zeit, das ganze entspannt auswendig zu lernen, was meinen prüfungsängsten entgegen kommt – mein glück im unglück ! In der amtlichen LANGSAMKEIT MEINES LEBENS lag somit wieder einmal die richtige lösung, ohne daß es ein therapeut ärztlich verschreiben brauchte. **Und ich erkenne auch dieses mal, daß jene geradezu magische verbindung zwischen den polen der individuellen willenskraft und der kollektiven lebensläufe neuroalchemistisch stärker wird je intensiver beide pole aktiviert sind. Halten sich die energien die waage, können sich beide pole gegenseitig aufpeitschen und wie lotusblüten entfalten, bis BEIDE WAHR-HEITEN IN DEN BLÜTENMITTEN gut sichtbar sind. Dann erst führt eine verschmelzung beider pole zur tieferliegenden dritten kraft jenseits von individuum & kollektiv, zu der eigentlichen stoßrichtung, die das transreale leben erlaubt. An diesem punkt der entwicklung tritt endlich wieder das entspannte gefühl von wahrhaftigkeit, echtheit und bestimmung ein und man fühlt sich wieder wie ein fisch im wasser. Wenn beide parteien das immer auch offiziell so sehen könnten anstatt dieses *"gesetz des lebens"* nur heimlich zu befolgen, träte der HUMOR als wichtigste antriebsfeder in dem ganzen spektakel versöhnend auf den plan. Meistens muß aber jeder aus angst vor fahrlässigkeit oder fehlern *"sein gesicht wahren"*, indem er seine sicht verabsolutiert.** Selten daß ich mit einem beamten aufs schärfste zuerst streiten mußte und wir nach der klärung des problems GEMEINSAM über die ganze sache lachen konnten. Solche schönen erfahrungen erzeugen in mir den romantischen traum einer gesellschaft von morgen, in der sich alle gleichwertig behandeln, egal wer vor oder hinter dem schreibtisch das sagen hat, und das gegenseitige interesse die begegnung stärker bestimmt als die ignoranz...

05.Freifahren 13.10.2012
(NEUKÖLLN-NÜRNBERG-NIEDERHEID)

Ein wink der götter: gestern gleich 4 fette amtsbriefe auf einmal! So viel echtpost krieg ich normalerweise auf ein ganzes jahr verteilt! Die synchronizitäten zwischen innerer kraft und äußerer klarheit sind wirklich erstaunlich: Kaum daß ich mich bis zum klippen-rand vorwage und schon die flügel ausbreite, um mich in den abgrund zu stürZEN, hoffend, daß sich die höllenhitze am *unendlichen urgrund* (der *UnUr* ist nur mit überlicht-geschwindigkeit erreichbar, da er sich jenseits der inflationären schildkrötenakrobatik befindet) nicht als schmelztiegel für meine flügel erweist, sondern lediglich als durch-lauferhitzer für meine seele, nachdem ich meine *"letzte meinung"* wie das lebkuchen-rezept der hexe unter einen stein klemme, da materialisieren sich zur belohnung die LEBENSERGEBNISSE wie von selbst. Vorallem durch die krasse klärung mit dem jobcenter habe ich in meine spur zurückgefunden. Mein blick ist wieder ganz draußen, in der echten sonne und den dingen, die sie erhellt. Passend dazu ist mein monatliches surfvolumen erreicht: *"Sie surfen jetzt langsamer"*. Das legendäre abflussrohr für das küchenspülbecken wurde jetzt repariert, der neue kleiderschrank ist endlich montiert und der aufbau der bücherregale ging ruckzuck. **Das einsortieren meiner bibliothek kann beginnen, die beiden koffertürme voller bücher waren ein ganzes jahrzehnt verschlossen, weil ich mich in allen wohnungen nur als durchreisender mit ZIELLOSER SEHNSUCHT empfand. Hier in eller süd fühlt sich die wohnung endlich wie ein für mich bestimmter tempel an, in dem ich sogar alt werden könnte (wenn wir nicht noch pläne hätten, die wir nunmal haben).** Ich bin aus dem elfenbeinturm auf die erde hinab gesegelt und weicher gelandet, als ich es jemals mit falschem druck früher geschafft hätte. Tja. Aktives warten war vonnöten, <u>tun, was zu tun ist, und lassen, was gelassen werden muß. Das springen in den fluss ist jetzt das eine, das treiben mit der strömung dann das andere; die geschwindigkeit ist aus gelebtem leben gemacht, nicht aus dem willen des schwimmers. Das ich dient nur zur beobachtung des ganzen spektakels, ein rasender reporter, dessen kommentare eigennützig oder nutzlos sein können, aber keinen einfluss auf die fließgeschwindigkeit entwickeln. Die strömung folgt dem gesetz der schwerkraft, nur die seele wohnt im schwerelosen und ist sprachlos, denn ihr wesen ist die transparenz des wassers. Sprechen bleibt darum auch immer schweigen über das sprachlose. Das sprachlose ist eine spirituelle täuschung, die spiegelung einer antifatamorgana, ein blinder fleck in der landschaft, die leerstelle im messbaren feld, eine lücke zwischen den eingebildeten punkten, ein loch in der oase, der traum des traumlosen...</u> Hatte ich eigentlich die andere schote mit dem vollstreckungsbescheid des zollamtes erwähnt? Dahinter steckte der INKASSO-SERVICE DER ARBEITSAGENTUR mit sitz in brandenburg: aufgrund meines wechsels von berlin nach düsseldorf wurde der dauerauftrag einer ratenzahlung an das jobcenter neukölln storniert, OHNE mich darüber zu informieren. Es handelte sich um die rückzahlung der finalen nebenkosten-abrechnung meiner alten neuköllner wohnung. STATTDESSEN erhielt ich 1 jahr später in diesem april eine automatische MAHNUNG ohne angabe des rechnungsinhaltes. Der brief war darüber hinaus ohne namentliche angabe des sachbearbeiters *"signiert"*, so daß ich meine prompte emailreaktion nur dadaistisch angehaucht an *"sehr geehrte* *damen & herren inkasso"* mit der bitte um AUTOMATISCHE WIEDERAUFNAHME DER RATENZAHLUNG richten konnte. Es zogen wieder einige monde ins land, bis schließlich erneut ein automatisch signierter brief folgte mit dem vollstreckungsbescheid des gerichtsvollziehers. Da ich zum glück alle emails schön brav archiviere, stattete ich dem zollamt in düsseldorf einen besuch ab und konnte den sehr verständnisvollen damen dort genügend beweise vorlegen, um die pfändung *"all meiner elektronischen geräte und sonstigen wertgegenstände"* zu verhindern :-) Der kommentar der zollbeamtinnen auf meine frage, warum die inkasso auf meine email nicht reagierte: *"Ach, das sind wir von der arbeitsagentur gewöhnt, sie sind da nicht der erste!"* Tja, und einer der gestrigen fetten briefe war dann endlich die bestätigung der raten nach anderthalb jahren unnötiger verzögerung! Aber nicht nur zwischen der inkasso-abteilung in BRANDENBURG und den bundesweiten filialen der arbeitsagentur scheint es kommunikationsprobleme zu geben, sondern mit der zentralen rechnungsstelle in NÜRNBERG sollte man ähnlich geduldig sein: einer der anderen fetten briefe war die sofortige stellungnahme des jobcenters süd auf meine VVV-vorwürfe (vertuschung von verschleppung): die teamleiterin machte aus meiner vermutung ein angebliches urteil und *"verbietet sich dieses zukünftig"*. **Anstatt sich als REPRÄSENTANT EINER FIRMA stellvertretend für die versäumnisse von kollegen und anderen filialen zu entschuldigen, um das image der firma kundenfreundlich zu retten, stellt man sich selbst als geschädigten dar und *"verbietet"* dem kunden, vermutungen auszusprechen, die nunmal näher nicht liegen könnten, wenn 1 ganzer monat vergehen muß, bevor überhaupt viel zu spät abgearbeitet wird, was oben auf liegen sollte.** Wahrscheinlich brechen die schreibtische der fallmanager vor lauter fällen unter dem gewicht der papierberge zusammen und der geneigte kunde sollte mitleid empfinden und froh sein, wenn wenigstens nach 1 jahr ein automatischer liebesbrief mit besitzanspruch auf habundgut ins haus flattert!! DENN: DIE WEITERGABE DER DATEN AN DIE ZENTRALE IN NÜRNBERG WURDE PÜNKTLICH ANGEORDNET. ABER: WANN DIE ÜBERMITTLUNG DER DATEN VON DORT AUS AN DIE BETREFFENDEN ÄMTER ERFOLGT, IST VON *"HIERAUS"* NICHT STEUERBAR. Kein wort der entschuldigung, daß ICH der geschädigte war, sondern verlagerung von verantwortung (noch so ein nettes VVV) auf eine andere filiale! **Ich kenne keine andere firma, die einen kunden so desinteressiert abserviert! Wenn ICH im jobcenter arbeiten würde, wäre mein alleroberstes gebot, bei der allerersten nachfrage des kunden schon direkt zu prüfen, auf welchem dienstweg das anliegen in der verstopften rohrleitung hängen geblieben ist, und dem kunden sofort ungefragt alternative notlösungen anzubieten, damit er KEINE WEITEREN nachteile davonträgt.** Außerdem würde ich ihm ein angemessenes schmerzensgeld zur entschädigung für die angefallenen portokosten, telefonkosten, fahrtkosten, den zeitaufwand für die wiederholten amtsgänge, die warteschleifen im alltagsvakuum und den unnötigen nervenkrieg anbieten. **Aber mehr als den menschlich allzu menschlichen tunnelblick von b-leidigten b-amten kann man wohl nicht erwarten, denn auch im jobcenter identifiziert man sich heutzutage anscheinend nicht mehr mit der firma, IN der man arbeitet, sondern nur noch mit dem geld, FÜR das man arbeitet.** Weder die eleganten kostüme und standardanzüge noch die flippigen frisuren von jungbeamten täuschen darüber hinweg – erst ein mehrfach nichterfolgter bescheid muß den bescheidenen skandal ins rollen bringen. Tja, wenigstens weiß ich JETZT BESCHEID, wie der laden läuft: Von Neukölln über Niederheid bis nach Nürnberg und zurück ist eine weltreise der deutschen bürokratie, damit möglichst viele beamte von der arbeitslosigkeit profitieren. der kunde ist kein könig sondern köder und wird behandelt wie ein köter – helaaf helaaf helaaf!!!

Bruno Brachland, Nr.53, 13.10.2012

DIE VERJÜNGUNG DER UNENDLICHKEIT
(ZUR REHABILITATION DER REDUKTION DURCH STRECKUNG DER LEEREN STRECKE VON A BIS Z)

tun was zu tun ist und
lassen was gelassen werden muß
das springen in den fluss
ist jetzt das eine
das treiben mit der strömung
dann das andere
die geschwindigkeit ist
aus gelebtem leben gemacht
nicht aus dem willen des schwimmers
das ich dient nur zur beobachtung
des ganzen spektakels
ein rasender reporter dessen kommentare
eigennützig oder nutzlos sein können
aber keinen einfluss auf die
fließgeschwindigkeit entwickeln
die strömung folgt
dem gesetz der schwerkraft
nur die seele wohnt im schwerelosen
und ist sprachlos denn ihr wesen
ist die transparenz des wassers
sprechen bleibt darum auch immer
schweigen über das sprachlose das
sprachlose ist eine spirituelle täuschung
die spiegelung einer antifatamorgana
ein blinder fleck in der landschaft
die leerstelle im messbaren feld
eine lücke zwischen den eingebildeten
punkten ein loch in der oase
der traum des traumlosen

06.Freifahren 30.10.2012
(BILDUNG & BEWUSSTSEIN)

Ein kleines wunder ist geschehen: ich hab den *"bildungsgutschein"* in der tasche! Die vertretung meiner fallmanagerin gab mir mit ihrer höflichen art das gefühl zurück, doch etwas wert zu sein. Trotzdem bleiben ein paar rätsel ungelöst: warum bietet das jobcenter auf seinem kursnetportal überhaupt ausbildungen von unternehmen an, mit denen angeblich die *"schlechte erfahrung"* gemacht wurde, daß man danach KEINEN arbeitsplatz fand? Und warum übernimmt das jobcenter nicht auch den kleckerbetrag des sogenannten *"eigenanteils"* für die verkehrsamtlichen prüfungen und die amtsärztlichen tauglichkeitstests? Im vergleich zu den kosten für andere maßnahmen, die sogar OHNE arbeitsplatzgarantie genehmigt werden, und sogar führerscheine, damit jemand busfahrer werden kann, ist dieser eigenanteil lächerlich gering, aber für einen hartz4-empfänger übersteigt diese summe bereits 1 gesamtes monatsbudget, so daß sich kein ALG2-empfänger solch eine ausbildung privat ohne externen mäzen leisten kann, während andere kurse um vielfaches teurer sind, aber ohne eigenanteil bewilligt werden. Insgesamt wirkt die generelle skepsis des jobcenters, als gäbe es insgeheim ganz andere gründe, warum unternehmen bevorzugt oder boykottiert werden. Mich würde interessieren, inwiefern jobcenter und stadtverwaltung hinter den kulissen unter einer decke stecken. Oder ob ich einfach nur pech hatte, was sich am ende als wahres glück entpuppt? Jedenfalls konnte ich mich 2 gute jahrzehnte lang künstlerisch *"selbstverwirklichen"* und freue mich, so bescheuert es für egozentriker & moralapostel klingen mag, auch bald andere geldlose mitbürger mithilfe der steuern unterstützen zu können. **Ob jemand dabei nur als arbeitsloser langschläfer und alkoholiker fantasielos vor sich hin vegetiert oder als hyperaktiver, aber erwerbsloser künstler den ruf einer kreativszene mitgestaltet, ist nicht meine baustelle! JEDER MENSCH HAT SEINE EIGENE ZEIT UND GESCHWINDIGKEIT. Wer mit seinem leben nicht mehr anzufangen weiß als nur unproduktiv rumzugammeln, befindet sich quasi im ungeborenen tiefschlaf der matrixbatterie. Ob man mit solch einer komatösen bewußtseinsverfassung am fließband steht oder im bett liegen bleibt, spielt eigentlich keine rolle, denn solch ein lethargischer mensch trägt sowieso nichts zum allgemeinen nachhaltigen gesellschaftsglück bei sondern verschiebt und verwaltet nur passiv materie.** Erst wenn alle menschen in seinem umfeld mit einem glückseligen lächeln auf ihren lippen zur arbeit gehen, wird er irgendwann merken, daß seine kostbare lebenszeit sinnlos zerrinnt, ohne ERFÜLLTE ERINNERUNGEN (ein nostalgisches *"E-quadrat"*) zu sammeln, die durch ERFOLGREICHE EREIGNISSE langfristig bestand haben und das gefühl geben, jederzeit sterben zu können, ohne irgendwas zu verpassen. Das ist die gegenwart der gnade, die aus der gnade gelebter gegenwarten entsteht...

07.Freifahren 07.11.2012
(ZWANGSLÄUFIG & ZWANGLOS)

Schneller gedankenblitz (in der tram unterwegs zur vertragsunterzeichnung!) zur antiredundanten (weder materialistischen noch metaphysischen sondern integralen) freiheit der *Empathischen Eigenwillentlichkeit (E²)*: Solange nicht irgendwie ultraobjektiv wissenschaftlich geklärt werden kann, WARUM es das universum ÜBERHAUPT gibt (wenn es NICHTS *"gäbe"*, wäre die frage dieselbe, allerdings lässt sich ein echtes, unendliches nichts nicht von außerhalb dualistisch beobachten, denn dann gäbe es ja doch wieder etwas, nämlich den standpunkt NEBEN dem nichts), spielt das persönliche individuelle ich keine zwangsläufig sinnerfüllende rolle im physikalischen raumzeitkontinuum, weil es aus eben dem universal-energetischen stoff selber besteht. **Denn falls das universum tatsächlich absolut GRUNDLOS sein sollte (gemäß lochismus ohne transzendente mitte), also keine kontrollierte auswirkung einer primären urursache (wie gott oder der urknall), die selbst keinen auslöser mehr hat sondern nur** *"aus sich selbst heraus"* **existiert (dialektisch nicht vorstellbar), gäbe es keine notwendigkeit, zeitliche ziele für einzelne identitätseinheiten zu erreichen, denn diese ontische grundlosigkeit hat eine umge-kehrte (reziproke) bedeutung für alles vorhandene: je grundloser das sein an sich ist desto zwanglos selbstsinnlich unabhängiger darf alles seiende seinen utopischen grund in sich selbst wahrnehmen (als transtopische inwesenheit) anstatt als** *"entfremdete"* **verpflichtung gegenüber etwas** *"ganz anderem"* **im sinne einer größeren, mächtigeren, göttlichen, heiligen, lebenspendenden, moralischen instanz, die alles hyperidealistisch UMFASST (klassisch metareligiös: gott) oder pseudorealistisch DURCHDRINGT (klassisch naturmystisch: geist), je nach kultureller tradition und politischem weltbild...** DEN ARBEITSVERTRAG UNTERZEICHNET – DIE AUSBILDUNG KANN NUN BEGINNEN :-) Der letzte termin als hartz4-empfänger beim jobcenter steht an!

08.Freifahren 28.11.2012
(INTUITION & INFORMATION)

Endlich! Große erleichterung: habe den wettlauf mit der zeit ganz knapp überstanden, genauer gesagt: das verborgene verhältnis zwischen der transzentralen querzeit und der realen linearzeit (die akausal miteinander verflochten sind) haarscharf synchronisiert, meine bewußtseinsaktivität ist daher deckungsgleich hier wie dort angekommen (beste voraussetzung zum merken von neuem input: logik & euphorie, kopfhirn & bauchhirn, information & intuition, rationales & magisches bilden sich ineinander ab!), die letzten digitalen lücken (sprich: das vom webmaster ohne vorwarnung gelöschte hochzeits-"*geschenk*", das nachträglich 300 euro "*dienstleistung*" kosten sollte: eine neuköllner satire!) in zwei nachtschichten rekonstruiert und die weiterleitungsziele der zuständigen domains neu definiert – heute ist zwar ein nebliger herbsttag, aber ohne den rechner hochfahren zu müssen! Willkommen back to the wirklichkeit! **Ich beginne, den ausgebreiteten stadtplan wie einen freund auf mich wirken zu lassen und lese die anleitung zur vorab-markierung der standardstrecken als vorbereitung auf den kurs. Es gibt also 3700 straßen in ddorf. Ist das jetzt viel oder wenig?** Ich bin aufgeregt wie am ersten schultag und sehr dankbar und glücklich, diese aufgabe erfüllen zu dürfen, die mich nicht unterfordert! Mein anspruch ist hoch, aber es gilt aufzupassen, daß ich GEDULDIG IN RUHE mir sorgsam jedes detail einpräge und schrittweise mit leuchtmarker das taxiroutennetz sichtbar werden lasse (dafür habe ich also diese gigantische leselupe vor jahren gekauft, die bisher nur als schmuckstück verstaubte!), im gleichschritt mit meinem mehrdimensional-synästhetischen auffassungsvermögen anstatt nur huschhusch plakativ (eine versteckte kritik an pädagogischen prinzipien normaler schulsysteme!). Der leistungsdruck darf mich nicht wieder auffressen, die PANISCHE NEUGIER, das 10-schritte-im-kopf-weiter-sein-als-was-sofort-möglich-ist, das mich zuerst inspiriert, aber schließlich total blockiert. nein, diesmal werde ich aufpassen, es nicht vermasseln und nicht somatoform überreagieren! ich will es schaffen und ich kann es schaffen, denn ich empfinde freude, ja vorfreude und LUST AUF DIE ZUKUNFT als taxi-chauffeur. alles was zählt, ist die lust auf die sache, denn dadurch verändert sich sogar die sache selbst: es ist der blick auf die sache, der den passenden namen für das ding erfindet, das ding hat zunächst überhaupt keinen namen, es ist nur ein namenloses objekt des lebens. **das leben an sich hat keinen namen, der mensch gibt dem leben die namen, um mit den dingen zu spielen. die spielregeln sind menschgemacht. jedes ding ist ein schachzug im brettlosen spiel. dieses urding, das leben, hat keinen mund, es ist dieses stumme pleroma, das taubstumme all, das gedankenlose universum.** ruf es an, das universum: *hey, wieso kannst du existent sein?* ja: RUF! ES! AN! DAS UNIVERSUM, das ganze, das grenzenlose, zieh eine künstliche grenze und definier, was davor und dahinter ist, spiel mit den dingen, gib ihnen namen, und nenne sie bei ihrem namen, sprich mit den dingen und sie sprechen zu dir! keiner zwingt dich, ein ding bei seinem falschen namen zu nennen, der richtige name ist nur jener, bei dem sich dein herz öffnet, weil du die wahrheit spürst, sage zur sache jetzt "*ding*" und die sache antwortet dann "*dong*", und deine freude wird groß sein, die vorfreude kann wachsen, die lust auf die sache entfaltet ihren eigenen rhythmus, **das leben verläuft wie ein strom aus unendlich vielen miteinander tanzenden tropfen und jeder einzelne tropfen ist das gedächtnis des ganzen stroms, ist ein speicher für alle anderen informationen, in jedem tropfen steckt das ganze wasser, der ganze ozean und die ganze information des gesamten universums...**

URD(R)INGLICHKEIT

alles was zählt ist
die lust auf die sache
denn dadurch verändert sich
sogar die sache selbst es
ist der blick auf die sache
der den passenden namen für
das ding erfindet das ding
hat zunächst überhaupt
keinen namen es ist nur
ein namenloses objekt
des lebens das leben
an sich hat keinen namen
der mensch gibt
dem leben die namen um
mit den dingen zu spielen
die spielregeln sind
menschgemacht jedes ding
ist ein schachzug
im brettlosen spiel
dieses urding das leben
hat keinen mund es ist
das stumme pleroma
das taubstumme all
das gedankenlose
universum ruf es an
das universum wieso
kannst du existent sein
ja ruf es an das universum
das ganze das grenzenlose
zieh eine künstliche grenze
und definier was
davor und dahinter ist
spiel mit den dingen
gib ihnen namen und
nenne sie bei ihrem namen
sprich mit den dingen und
sie sprechen zu dir

keiner zwingt dich
ein ding bei seinem
falschen namen zu nennen
der richtige name
ist nur jener bei dem
sich dein herz öffnet
weil du die wahrheit spürst
sage zur sache jetzt
ding und die sache
antwortet dann dong und
deine freude wird groß sein
die vorfreude kann wachsen
die lust auf die sache
entfaltet ihren eigenen
rythmus das leben verläuft
wie ein strom aus unendlich
vielen miteinander tanzenden
tropfen und jeder einzelne
tropfen ist das gedächtnis
des ganzen stroms ist ein
speicher für alle anderen
informationen in jedem
tropfen steckt das ganze
wasser der ganze ozean
und die ganze information
des gesamten universums
es gibt keinen grund warum
du dich beeilen müßtest
es gibt keinen grund
sich zu sorgen um dinge
die nicht deine sprache
sprechen es gibt keine
notwendigkeit etwas
zu tun das dich nicht
automatisch im innersten
trifft denn was dich
nicht trifft hat sein
ziel verfehlt und muß
weiter wandern bis es
den spiegel entdeckt
der sein spiegelbild

zeigt was sich zeigt
wurde gespiegelt und was
sich bespiegelt wird
zur neuen spielregel
das spiel hat so viele
regeln wie spieler
die liebe verwaltet
das ganze im kleinsten
detail das detail nennt
sich ding das detail
nennt sich dong das
detail klingt wie ein
tonloser gong es ist
vielleicht poesie
oder urpoesie aber
kein bißchen popsong
und niemals im takt
das ist fakt

09.Freifahren 4.-10.12.2012
(HAUPTSTÄDTE MIT HERMANNPLÄTZEN)

4.12. ~ Mein fluch & segen: ich mache zwar alles übergründlich, aber benötige dafür umso mehr zeit und konzentration. Das führt dann zu solch speziellen erfolgen, daß ich am heutigen ersten kurstag schon wußte, daß ddorf aus 49 stadtteilen besteht, aber die hausaufgabe (aus der ich die anzahl herausfilterte) nicht vollständig erledigt hatte. Das rührt von meiner übertriebenen TIEFENNEUGIER, diesem penetranten bedürfnis, sofort dunkle hintergründe heran zu zoomen, fast zwanghaft die sichtbare vordergrund-information nicht auszuhalten, ohne sie hyperkomplex mit möglichst vielen anderen ebenen zu vernetzen. **Die mangelnde gesunde mischung aus mehrdimensionaler kybernetik und primärlogischer linearität wird mir leicht zum verhängnis! Ich muß mich daran gewöhnen, bestimmte sachverhalte als solche FÜR SICH stehen zu lassen anstatt alles diversen systemen komplex kosmologisch zuordnen zu wollen. Andererseits hat diese kindliche penetranz den besonderen vorteil, dank des erhöhten lustgewinns eine emotionale verbindung zur primärinformation zu verankern, so daß sie viel leichter gespeichert und abgerufen werden kann.** Wenn ich zb schloß mickel dem richtigen stadtteil zuordnen soll, stelle ich mir (oder dem armen dozenten, der sich extrem nett und geduldig bemüht, allen fragen von 16 azubis gerecht zu werden!) die zunächst *"nervtötende"* frage, welchem nutzen das schloß heutzutage denn dient anstatt es im stadtplan zu suchen. Die freude darüber, daß es ein historisches gästehaus der heinrich heine universität in solch schöner landschaft wie himmelgeist (92) gibt, wirkt dann als neurostimulator für das gedächtnis, so daß sich die zusatzinformation keineswegs als überflüssig erweist.

7.12. ~ morgen (samstag!!!) ist erst der dritte ausbildungstag, es macht tierisch spaß, aber raubt SÄMLICHE FREIZEIT BIS AUF DIE LETZTE AUSGEPRESSTE SEKUNDE, hammer-mäßig, wieviel man auswendig lernen muß... wußtest du, daß der PQ (planquadrat) exakt in der mitte des düsseldorfer stadtplans die lustige kombination 5678 als nummer trägt? das ist exakt die mitte des geografisch zentralen stadtteils nr.23 *"düsseltal"* im bezirk 2 (das ist NICHT der stadtteil 13 *"stadtmitte"*), zu dem nur noch flingern nord (22) und flingern süd (21) gehören. der name *"düsseltal"* ist wohl weniger üblich als *"zoo"*, obwohl es die bezeichnung zoo eigentlich gar nicht gibt, abgesehen von der s-bahn-haltestelle. was es allerdings gibt, ist in der nähe vom brehmplatz den zoopark als grün-anlage mit eisstadion, seitdem der zoo 1945 zerbombt wurde und auch der verbliebene aquazoo mittlerweile in den stockumer (51) nordpark neben den japanischen garten umgesiedelt wurde... solche und mehr logistische dinge pauke ich derzeit quasi rund um die uhr, sogar beim einschlafen: überall in der wohnung hängen merkzettel :-) eins ist klar: **DIESE taxi-chauffeur ausbildung ist so fundiert und so hart wie ein universitäts-studium!!!** so, das wars dann mal auf die schnelle zwischendurch, pause ist um, ich muß für morgen noch einige routen von startpunkt A nach zielpunkt B ausfindig machen, natürlich die KÜRZESTEN, weil billigsten strecken, die meist im optischen abgleich mit der luftlinie erkannt werden können, sofern nicht u-turn-wendemanöver durch abbiege-verbote und kurvenreiche schlenker nötig sind...

9.12. ~ Mein erster sonntag seit kursbeginn und kein echter sonntag! Beim aufwachen schießt mir die erste frage schon durch den kopf: IST grafenberg wirklich der stadtteil 72 und nördlich von gerresheim? Beim blick auf die minikopie jenes amtlichen plans mit allen grenzlinien, die sich IMMER griffbereit in meiner nähe befindet, große erleichterung: ja, und auch ludenberg (73) beginnt nördlich von 71, während *"links"* davon schon bezirk 2 mit flingern nord als stadtteil 22 im schnapszahl planquadrat 5777 anschließt. Hinter heerdt (nr.42, die eselsbrücke: 42 lautet die antwort auf die frage nach dem sinn des lebens, von einem computer berechnet, der wie ein HERD aussieht) endet der westen auf gleicher höhe vorm pq 4777, während düsseltal einen paranormalen anker erlaubt: als geographisches herz hat dieser stadtteil in der form einer narrenkappe die rätselhafte weltverschwörerzahl 23 inne, die man auch durchaus als symbol für die suche nach spiritueller *"mitte"* im sinne absoluter wahrheit als esoterisches geheimwissen bezeichnen kann, was die magie der pq-zahlenreihe fünf sechs sieben acht als prozess von der menschwerdung (5) bis zur unendlichkeit (8) unterstreicht. **So viel und so gnadenlos systematisch habe ich seit meiner schulzeit nicht mehr gepaukt!! Und der stoff und der zeitaufwand wachsen mit jedem einzelnen kurstag brutal an!** Aber es macht tierisch spaß, meine sinnvollsten lernmethoden zu überprüfen und selber materialien für das eidetische langzeitgedächtnis zu entwickeln: habe blankos der pläne auf transparentpapier durchgepaust und werde noch andere varianten entwickeln, z.b. nur grenzlinien aller 49 stadtteile, um pro blatt 1 leeren stadtteil als blankopuzzleteil zu verwenden. Diese kann ich dann nach und nach mit den grenzstraßen, institutionen, planquadratzahlen, standardstreckenführungen und besonderen hinweisen wie poller zur absperrung an feiertagen ausfüllen. **Am ende sollte das wiederholte abschreiben und synästhetische abspeichern der bilder mit namen und zahlen genügen, um das allzu trockene auswendiglernen mit assoziationen zu ergänzen, die einen realen anstatt rein begrifflichen bezug zur gewünschten adresse herstellen.** Die augen sind dabei trotz aller freude meine größte sorge: nach einigen stunden hilft auch die gigantische leselupe nicht weiter, ich kann nichts mehr scharf sehen, die augen brennen und quellen über, im kopf wirbelt alles durcheinander, die stirn sticht und kein klarer gedanke kann mehr gefasst werden. Totalausfall, der biocomputer hat sich von einer sekunde auf die nächste aufgehängt! ZWANGSPAUSE. Es knattert & brummt im schädel, ich spüre den nicht widerlegbaren, absolut sicheren, experimentellen beweis für das ORGAN, das ich nie lebend sehen kann, ja, mein gehirn existiert wirklich und denkt: *"mein gehirn existiert und denkt, mein gehirn existiert und denkt, mein gehirn denkt, mein denkt, mein mein, mein..."*. Spaziergang, rasieren, einkaufen, putZEN, taiji - irgendwas unerledigtes gibt es immer, ich fühle mich wie ein zerstreuter professor, der nach einer zu langen zeit im labor sauerstoffzufuhr benötigt! **Die härte der ausbildung müßte eigentlich mit einem akademischen titel belohnt werden, doktor der taxilogie oder so. Ahnt denn hier jemand, was ein chauffeur alles über seine stadt wissen muß, wieviele ebenen in einer urbanen struktur miteinander verflochten sind? Aus 2 monaten crashkurs ließen sich bei DER materialfülle ganz locker 2 jahre machen, meint auch der dozent...**

10.12. ~ An tausend stellen in meiner wohnung hängen die blankos des stadtplans an türen und wänden, so daß ich sogar auf dem klo auf die stadt starre und ganz spontan irgendwas prüfen kann, was mir grad beiläufig einfällt, zb von wievielen und welchen stadtteilen ist eller (82) umgeben: von 7, die höchste rate aufgrund der gebogenen und gestreckten rautenform des stadtteils! Wo liegt der worringer platz? An der nördlichen spitze von oberbilk (37). Oder brehmplatz und brahmsplatz? B wie BEIDE in düsseltal 23 nicht weit voneinander entfernt. Es gibt einen hermannplatz, nicht nur in neukölln sondern auch in flingern nord (22) nahe der ackerstr im pq 5677! Und die schlesische straße liegt nicht nur im berliner wrangelkiez sondern auch zur "linken" hälfte in lierenfeld (81) und zum östlichen ende in eller (82). Ob es dort allerdings AUCH eine bar namens "CAKE" mit dem weltbesten mojito gibt, bezweifel ich leider. **Ich bin gespannt, ob ich heut alle hausaufgaben für morgen noch schaffe, denn das mehrgleisige lernen verschlingt einfach unmengen zeit: neben den tagesaktuellen aufgaben (streckenführ-ungen von einem startpunkt zu diversen zielpunkten oder umgekehrt von verschiede-nen punkten jeweils zum selben ziel), wiederhole ich ständig visuelle strukturen, die sich als übereinander gelagerte raster entdecken lassen. Und selbst diese jüngsten tage-bucheinträge dienen nebenbei dem wiederholten notieren und einprägen von kombinierten fakten.** Aber jetzt schaue ich mir zum verschnaufen von all dieser detek-tivischen akribie erstmal die dvd über die 60er jahre an: aus der reihe historischer filmschätze von der rheinischen post. Vor genau 50 jahren im winter 1962/63 war der rhein derart komplett zugefroren (es herrschten wochenlang minus 20 grad kälte!), daß schlittschuh laufen im hafen möglich war, während eisschollen vorbei trieben! Den so genannten "tausendfüßler" (die berühmte innerstädtische hochstraße), der jetzt end-gültig nach langer denkmalschutzdiskussion doch kurz nach seinem 50.jubiläum abge-rissen wird, sobald der neue tunnel neben dem schauspielhaus unter dem jan-wellem-platz befahrbar ist, baute man 1960-62 für eine "autogerechte" stadt, um mit dem bevölkerungswachstum schritt zu halten (der historische höchststand von 705.000 einwohnern war damals erreicht). Außerdem entstand im laufe der 60er jahre sozialer wohnraum für 30.000 menschen in form einer trabantenstadt: GARATH (als südlicher stadtteil 101 wie in orwells roman "1984" das zimmer 101, in dem man seiner persön-lichen urangst begegnet), wo ich 1996/97 bei den "space indians international" des künstlers tom a hawk in der ateliergemeinschaft auf dem stillgelegten grundschulge-lände überwintert hatte, um köln enttäuscht und gelangweilt den rücken zu kehren: **das selbstzufriedene bürgertum, das seinen alltagstrott wie im tiefschlaf zelebriert, ent-puppte sich paradoxerweise als ungeeigneter ort für gesellschaftskritische kunst, die nicht unbedingt radikal skandalös auftreten wollte sondern einfach nur nachdenklich, selbstkritisch, weltreflektierend. es gab keinen bedarf an ästhetischer selbstreflexion, irgendwie wirkte die stadt auf mich satt und selbstgenügsam. die freie kunstszene verausgabte sich in ihren eigenen kreisen, das publikum applaudierte sehr brav auf kommando und reagierte mit einem distanzierten schmunzeln auf performative skan-dale, die peinlich und künstlich wirkten, weil sie ja unter geschützten rahmenbe-dingungen wie vernissagen und festivals stattfanden, die sowieso jedes entertainment erlaubten, ohne für jene gefährlich zu werden, die das spektakel von außerhalb igno-rierten, aber womöglich gemeint waren. kein wunder, daß dichter wie rolf dieter brinkmann bereits in den 70ern an dieser absurden situation scheitern mußten!** huxleys dekadente schöne neue welt spielte nicht in berlin sondern am rhein. Aber zurück zu der landeshauptstadt ein stück weiter flussabwärts: 1969 erfolgte dann außerdem noch eine grundsteinlegung – für die größte baustelle westeuropas mit 110.000 m2 fläche: das messegelände in stockum (51) in günstiger nähe zum flughafen. Inzwischen ist es später abend und ich muß noch ein paar strecken berechnen. Mal schauen, ob meine augen das kleingedruckte im stadtplan wieder verkraften...

10.Freifahren 14.+15.12.2012
(NORDPOL & NAVI)

14.12. ~ Während ich bisher mit 9 spielfilmen und 1 sachfilm aus der bücherei kam, sind es heute 4 dokus über die stadt und sonst nix, kein agentenaction, kein scifi, kein garnix. Mal sehen, welche jahrzehnte in düsseldorf spannend genug waren, um als unterhaltung vom lernen zu entspannen und nebenbei trotzdem im thema zu bleiben. Das verschieben der neuen oberkasseler schrägseilbrücke (1948-73: "*dauerbehelfsbrücke*") um 47,5m in zeitraffer am 7. april 1976 (einweihung schon am 20.12.73): gigantisch! Das karschhaus (von 1911) um 23 m versetzt (jeder einzelne stein nummeriert), damit der ubahnschacht nach 6 jahren bauzeit 1979 den heineplatz erreichen kann. Am 3.10.1981 wird die allererste strecke in betrieb genommen: nur läppische 1,5km unterirdisch bis zum kennedydamm, daher die "*schnellste*" ubahn der welt. **Bis mitte der 80er bleibt die gesamte innenstadt eine riesenbaustelle! Davon hab ich damals aber nix gemerkt, als wir mit dem leistungskurs kunst 1986 in der kunstsammlung NRW waren. Meine erste leibhaftige begegnung mit kandinskys "*DURCHGEHENDER STRICH*" und liebe auf den ersten blick! Kein klassisch-modernes werk fasziniert mich seit 30 jahren mehr als dieses! Ewige treue!** Apropos liebe: dank motivierender sms meiner freundin mit neuem 3wortpoem geantwortet! Und gestern bereits beim durchpausen der stadtteilgrenzen als lernblankos den neuen edding nebenbei kurz mal mißbraucht: 1 transparentbogen für dinA4 lochbild mit reichstagmotiv zweckentfremdet. Das macht 3 kunstwerke in 3 tagen, denn vorgestern entstand unerwarteterweise der 21.MPC (mobile poetryclip) mit einem gedicht, das dem schnapszahldatum gewidmet ist. **Tage, die überhaupt nicht für kunst vorgesehen waren. ALLES LÄUFT PARALLEL UND WIDERSPRICHT SICH NICHT, DIE KREATIVITÄT MACHT SICH AUF ALLEN EBENEN BREIT, das tut gut und erhöht sogar in allen bereichen den spaßfaktor dank gegenseitiger ansteckung und schöpferischer abwechslung für den konZENtriert durch alle medien fliegenden geist...**

15.12. ~ Kaffeeschaden am mittag des 6.kurstages auf dem rückweg vom schulungsgelände, gesamtes lehrmaterial "*to go*" getauft! Fön und heizung... Außerdem riesenriss im schönen stadtplan von der rückseite mit tesafilm zugeflickt, dabei unzählige weitere abgenutzte bruchstellen entdeckt, die schon nach 2 wochen kurz vorm zerbröseln stehen! Papier ist wie nordpol: keine sichere stelle mehr, überall risse! Erstes erfolgserlebnis beim testlauf der 49 stadtteile der 10 bezirke: allesamt sitzen mitsamt nummern! **Jetzt 80 städtenamen des pflichtfahrgebietes (identisch mit dem verkehrsverbund rhein-ruhr) auswendig lernen, darunter unmögliche wörter wie Aldekerk (krefelder platte), Oer-Erkenschwick (nördlich vom ruhrgebiet) und Sprockhövel (zur wuppertaler platte),** die nicht mit der spontan-intuitiven lustgewinn-methode funktionieren – sehrlautunddeutlichsprechmethode mit blankoplan bis zum hirnerweichen! Performer auf "*abwegen*", aber MIT taxameter und notfalls auch navi erlaubt...

11.Freifahren 22.12.2012
(HAUSAUFGABEN, HIRNTOD, HEILIGABEND)

Hausaufgaben ohne ende, blanker horror, weihnachten fällt aus! Nicht nur unmengen institutionen auswendig lernen, jetzt auch noch die entscheidenden plätze mit abfahrenden straßen. Und weitere streckenführungen nach luftlinie verkehrstechnisch "geometrisch" berechnen. Das war der NEUNTE ausbildungstag. Samstag vor weihnachten. Großeinkauf für die feiertage nebenbei. Kurz mal mittagsschlaf "nebenbei". Dann mein gekrickel vom unterricht entziffern: nachbereitung NEBENBEI, während die uhr schon längst weitertickt – das restliche leben läuft nebenbei, meine augen quellen über von dem schnellen wechsel zwischen megaleselupe und dem ordner-verzeichnis! **Die zeit läuft davon, obwohl sie angeblich nur eine illusion ist, aber ich SPÜRE JEDE SEKUNDE, fühle jede unverarbeitete information wie ein elektromagnetisches warnsignal am anderen ende meines gehirns DA DRAUSSEN! Lesen, abschreiben, sortieren, auswendig lernen, vergleichen, ergänzen, mit mehreren randnotizen abgleichen, nicht durchdrehen, ein wendemanöver, ein poller, ein platz, ein planquadrat...** Und die friedrichstraße bleibt –wie peinlich– leider EINBAHNSTRAßE in die "falsche" richtung (meine güte, wie oft war ich dort als fußgänger wegen dem sternverlag, und trotzdem!), meine ganze route is fürn arsch, oder um das desaster mit der karnevalistischen dramatik des dozenten zu beschreiben: *"sie sind bereits 3x tot, haben erheblichen sachschaden angerichtet, und wenn sie es trotzdem bis hier hin irgendwie schaffen, müßte ihr auto spätestens jetzt einige flügel und sonstwas haben, um von der brücke in den tunnel abzubiegen!"* Naja, eine andere war sowieso viel kürzer (auch der taxameter tickt!), der fahrgast ist könig, der anspruch ist hoch – mir wird klar, warum rhein-taxi so schnell einen erstaunlich guten ruf hatte! Und ich vermute, man lernt noch im alltag nebenbei weiter, man sieht dann die stadt irgendwie noch tiefer *"von innen"*, kann die markierungen im eigenen plan noch verfeinern und findet vielleicht sogar fehler im amtlichen stadtplan wie wir vorgestern den grauen strich zwischen parkplatz und kaiserpfalz, obwohl dieses stück straße nicht im geringsten gesperrt ist – bingo!! DAS sind die echten highlights, für die sich die detektivische akribie wirklich lohnt :-)

12.Freifahren 24.12.2012
(PAWLOW, PAPST & PANIK)

Ich stehe an der girardetbrücke über die kö und schaue in beide richtungen: freier blick EINERSEITS durch die königstr mit kö-center auf den entfernten martin-luther-platz mit johanneskirche (wo ich 1996 mit DR2-band auftrat), ANDERERSEITS in richtung altstadt durch die befahrbare trinkausstr direkt auf die fußgängerzone grabenstr (mit einfahrt der carschhaus-tiefgarage) hinterm heinrich-heine-platz am ende vom hinterhof des wilhelm-marx-hauses. Der platz heißt hier "stadtbrückchen" und mündet durchs marxhaus hindurch auf dem heineplatz. In diesem innenhof stehen verriegelte buden vom weihnachtsmarkt. Es herrscht eine fast frühlingshafte sonnige stille. Von HIER WIEDER ZURÜCK quasi in luftlinie zur wiese vor dem finanzministerium (wo sich der offiziöse MITTELPUNKT der stadt befindet, von dem aus die kilometer gezählt werden) ist durch die gesamte straßenschlucht freier blick, man überquert dann auf halber strecke die girardetbrücke. Ich hatte die plötzliche neugier, diesen bereich der stadtmitte/ altstadt vorort zu studieren. Die stimmung am mittag ist seltsam, es wird immer hektischer, gleichzeitig menschenleerer, die meisten geschäfte schließen schon früh, es wirkt irgendwie als ob man sich vor dem schwarzen block der kreuzberger mai-demo oder der ankunft der aliens schützen würde. Sogar am graf-adolf-platz beim BERLINER IMBISS erwische ich knapp noch die letzte boulette, dann fällt der schlüssel ins schloss. Alle pommes verkauft. Die feiertage können beginnen. Ich hasse das weihnachtsfest immer mehr desto älter ich werde! Das christliche biedertum zur beruhigung der massen, der einkaufsrausch & geschenkewahn! Jeder selbstmörder am heiligen abend ist heiliger als dieser abend, jeder totalverweigerer näher am frieden der völker als die kaputten familien mit tannenbaum, gänsebraten und halleluja! Die kinder werden von klein auf verarscht, ihre sehnsucht nach harmonie für verlogene rituale mißbraucht, die erwachsenen sind selber kinder – und pawlow betreibt seine studien von wolke 101: orwells exil. **Diese matrix der konditionierten reflexe befindet sich nur in den köpfen, die metaphysischen urängste verdrängen den blick auf die realexistente wirklichkeit. Panik hat hochkonjunktur, entweder passiert die apokalypse oder silvester, wir müssen uns auf alles gut vorbereiten, verbraten die freizeit mit perfektionierten beweisführungen unserer unauffälligen normalität.** Wer als erstes tief durchatmet, hat prompt verloren, die "spiele der erwachsenen" sind subtil und ein seelischer abgrund ohne boden. Wer sich der staatlich legitimierten volksverdummung als seelenloser automat anschließt, spürt den betäubten schmerz nicht mehr und genießt das hologramm des papstes. Wer noch der wahrheit auf den realen grund gehen will, sinkt auf grundeis, ein tiefgefrorenes spiegelkabinett zur verwirrung der spirituellen sucher, natürlich mit himbeergeschmack. Der planet ist nicht blau sondern blutrot wie die kriege der religionen. Die menschliche zivilisation ist auf ihrem geheimen tiefpunkt angelangt, wir begehen seelischen selbstmord auf höchstem technologischen niveau...

VIDEO @ https://www.youtube.com/watch?v=pFlbv8CrESg

TONSPUR @ https://soundcloud.com/taxilyrik/blog12

13.Freifahren 26.12.2012
(ANGREN-ZEN & ABGREN-ZEN)

Und wieder ein basisstruktur-lernprojekt mit visualisierungstechnik vollendet: alle 49 stadt-teile jeweils auf gesonderten kopien vom amtlichen blankoplan mit jeweils angrenzen-den stadtteilen getextmarkert und geEddingdongt. STADTMITTE (stadtteil 13) hat mit 8 die höchste zahl angrenzender stadtteile, dicht gefolgt von u.a. ELLER (stadtteil 82) mit 7, helaaf!! Jetzt die ersten 25 von insg 79 plätzen mit angrenzenden straßen für morgen analysieren... **Und zwischendurch immer und immer wieder die 79 käffer des pflicht-fahrgebietes überprüfen: RAESFELD im norden noch weit über DORSTEN oberhalb vom kohlenpott, ALDEKERK & RHEURDT [rö:rt] im westen der** *"krefelder platte"*, **HOLZWICKEDE kurz vor UNNA im osten, ROMMERSKIRCHEN (unter DORMAGEN) und WERMELSKIRCHEN (am unteren ende der** *"wuppertaler platte"*") **– von dorsten bis dormagen, von NETTETAL bis ENNEPETAL,** nette namen für abwegige, aber angrenZENde urregionen! :-) Ein paar stunden später... Kein problem mit der *"ähnlichkeit"* von namen bei einer nebenbei-entdeckung: Es gibt weder einen SCHLEGELPLATZ noch eine SCHLEGELSTRAßE in ddorf! Die spinnen ja, die r...heinländer (klar, die römer waren ja hier!), so einen interessanten *"totalmetaphysischen"* ausnahme-philosoph lässt man doch nicht unerwähnt, diese banausen!! Stattdessen gibt es eine SCHLÄGELSTR. Wer bitteschön war denn DAS ??? Ich werde es irgendwann nebenbei herausfinden. Jetzt erstmal nicht zu doll verzetteln, die erledigung der hausaufgaben ist oberstes gebot... Wieder ein paar stunden später: Krass, es gibt insgesamt **8 mal die DÜSSELDORFER STRAßE**, natürlich nicht im eigentlichen stadtgebiet, aber sehr nahe angrenzend: allein 3 auf der linksrheinischen seite des bezirks 4, darunter die stadteigene (in oberkassel) und dann nach büderich (meer-busch) und nach neuss raus! Dann eine in ratingen, das ist schon gefährlicher zu verwechseln, wenn ein fahrgast vom flughafen mal schnell um die ecke nach hause will und dann plötzlich am völlig anderen ende der stadt landen würde, weil er vom jetlag in der gemütlichen limousine einschläft anstatt mich zu korrigieren. Tja, und dann noch eine nach mettmann (hinter hubbelrath), eine nach hilden (unter erkrath, von benrath raus), eine schnurgerade aus hellerhof runter nach langenfeld, und zu guter letzt noch eine weitere linksrheinische in richtung zons (bei dormagen), wenn man hinter der fleher brücke auf die bonner straße abfährt. Die booooooonner??? Ach du scheisse, die gibt es natürlich ebenfalls in düsseldorf selbst. wo war die gleich? Leselupe... oh mann, die sind wir doch tausendmal schon gedanklich gefahren und trotzdem muß ich das straßenverzeichnis zur hilfe nehmen: im planquadrat 5871 bis 5970, also irgendwo rechts unten, äh ich meine natürlich *"südöstlich"* (in der stadtplanmitte liegt ja der planquadrat 5678 im bereich der düsseltaler narrenkappe). Ach scheisse, ja klar, die verlängerung der kölner landstraße von wersten weiter nach holthausen, gleich an den henkelwerken beginnend und bis zur *"schönen aussicht"* am benrather schloßufer (übrigens mein *"geheimtip"* zum flanieren am rhein bis in die urdenbacher kämpe, saftig grün und weiter strand wie auf einer robinson crusoe insel!), verflixt, ich hasse es. Wann bleibt das endlich hängen? ICH WILL JETZT BITTE SOFORT ALLES AUSWENDIG KÖNNEN!!! Kurz da-nach: Ich kann nicht mehr, meine augen brennen, alles verschwimmt, und es ist bereits weit nach mitternacht. Na toll, das gibt wieder zu wenig schlaf. Wecker eine stunde früher stellen und den rest dann beim ersten kaffee... HELAAF! HALLELUJA! HURZ!

14.Freifahren 28.12.2012
(NIETZSCHE & NAPOLEON)

Es gibt KEINE FICHTE SONDERN NUR FEUERBACH & FICHTEN! Und NO NIETZSCHE, NO SCHLEGEL, BUT SCHOPENHAUER & SCHLÄGEL! Aber immerhin Nelly Sachs am Nordpark, nahe bei Klapheck & Keller. Große namen für kleine straßen, auch Rilke & Hölderlin erreicht man nur (skandalös symbolisch?) über einen *"kleinen"* seitenarm der beck-busch. Stattdessen rauscht man über den Kennedy (damm) und am Joseph Beuys (ufer) in den tunnel – die eine geschichte wird bis zum exzess befahren, die andere geradezu totgeschwiegen! Dabei gibt es noch freie plätze, z.b. das STADTBRÜCKCHEN nahe der Heinrich-Heine-allee gilt offiziell gar nicht als *"platz"*, obwohl es ua einer ist, nämlich der hinterhof hinter dem gleichnamigen durchgang durchs wilhelm-marx-haus! Nennen wir den bereich doch **NAPOLEON-PLATZ**, der hat immerhin die numerische adressierung der straßen um 1800 eingeführt! Außerdem war Heine ja halber franzose im exil, da passt doch die geistige zur geographischen nähe... Übrigens liegt die Feuerbach zwischen Morse, Kepler und Kopernikus. Wie lässt sich DAS in bezug auf die personen interpretieren? Und um Nietzsche zu ehren, wüßte ich auch eine sinnvolle *"gottlose"* stelle: den PARK+RAIL-PLATZ am sbahnhof eller süd, denn das ist mehr als nur ein normaler parkplatz, hier gibts sogar nen taxistand inklusive bildzeitungskasten, außerdem wäre es ein hervorragender anlass zur verschönerung des gesamten bereichs, nachdem jetzt der bahnhof schon selbst einigermaßen saniert wurde. Dann könnte man sich auf dem **NIETZSCHE-PLATZ** zukünftig verabreden, um gemeinsame reisen von eller süd zu starten, nicht schlecht...

1.PREISFRAGE FÜR BERLINER: *Warum liegt der Hermannplatz am Zoo?*

2.PREISFRAGE FÜR DDORFER: *Warum gibt es gar keine Tiere im Zoo?*

ACHTUNG FANGFRAGEN:

1) *Liegt der Lichtplatz innerhalb oder außerhalb der Narrenkappe?*

2) *WO LIEGT DER EDISONPLATZ?*

3) *WER WAR TESLA?*

4) *UND WO IST DIE MITTE?*

15.Freifahren 5.1.2013
(VERLAUFEN & VERSPRECHEN)

Ist heute samstag? Oder erst freitag? Nur 4 std schlaf, weil ich bis halb 3 über der karte hing und trotzdem schon um 6h OHNE wecker mit einer frage erwachte: beginnt die bockumer erst in wittlaer (54) und reicht bis nach serm? Ja, genau. Es wird von tag zu tag schwieriger, ÜBER etwas anderes nachzudenken, was NICHT direkt mit den hausaufgaben zu tun hat, ganz egal was. Zeitmangel, schlafmangel, konzentrations-mangel, energiemangel, lustmangel an themen außerhalb des taxiwahns, brennende augen und schwindelgefühle von der gigantischen leselupe verstärkt durch die rehabilitierung meiner lesebrille aus der jugend. Textmarker, fineliner, papierblöcke, kugelschreiber – verschleiss wie noch nie! **Vielleicht eine art nahkampftraining für eine spezialeinheit??? Wer bis zum ende durchhält, kann kaum verlieren.** Aber der kopf quillt schon jetzt nach dem 15.tag (halbzeit!) so dermaßen über, daß ich mich frage, W I E V I E L geht da noch rein? Zwei themenblöcke fehlen noch GANZ, ab näxte woche wird wiederholt und verfestigt, das ist ein lichtblick! Die lage der bockumer und der bochumer (am hülsmeyer platz in rath, vorsicht: die hülsmeyerstr liegt hinter der rennbahn in ludenberg!) werde ich nie mehr vergessen. Auch die entdeckung des sonnenplatzes in garath im gegensatz zur sonnenstr in oberbilk (in diesen stadtteilen waren meine ersten beiden zufluchtsorte in düsseldorf 1996 bis 97, als ich köln den rücken kehrte) brennt sich ins hirn! **Nelly-Sachs liegt am nordpark, wo ein bestimmter bereich seit 2008 laut stiftung in ROSE-AUSLÄNDER-GARTEN getauft werden sollte. Was spricht dagegen? Vorgestern war 25.todestag der berühmten lyrikerin, die dort im altersheim lebte, nachdem sie aus dem amerikanischen exil heimgekehrt war und wieder auf deutsch dichtete.** Es gibt nur neptun- und merkurstr neben der planeten. Eine mondstraße sucht man vergeblich. Eine milchstraße auch. Aber die münchener reicht vom südring in bilk (36) über flehe (38), wersten (91), himmelgeist (92), holthausen (93) und itter (97) bis runter zum s-bhf in benrath (95). Man könnte meinen (wenn man die fette linie auf dem blanko-amtsplan verfolgt), daß sie sogar ganz am ende noch urdenbach (96) streife, aber da heißt sie schon frankfurter (ab der ecke hildener auf der höhe vom benrather schloss) und führt schnurgerade durch garath (101) und hellerhof (102) raus aus der stadt nach langenfeld in richtung leverkusen und führt damit durch insgesamt SIEBEN stadtteile, streckenweise als trennstraße, soll heißen, dort gehört sie zu zwei stadtteilen, deren grenzlinie auf der mitte der straße verläuft. Naja, verlaufen kann man sich auf der münchener nicht, das ist eine rennpiste von hammfeld nach hilden, ach was sag ich: von neuss nach solingen, von venlo nach lüdenscheid, ja von new york bis nach moskau, direkt über die münchener, natürlich am wasserwerk auf der höhe der heinrich heine uni haltmachen und frisches trinkwasser aus der alten steintränke und weiter gehts! ;-) übrigens: **meine bisherigen lieblingsversprecher lauten universitätsstrafe statt -straße, haie statt heye, dieter hülshoff statt droste-hülshoff, helmut hähnchen statt -hentrich und thunfisch statt turnisch, das muß einfach verewigt werden. Der karneval der straßen hat begonnen, das gehirn spielt verrückt, die synapsen-bahnen brummen und summen** wie ein güterzug "am hackenbruch / eller kamp" bei offenen schranken... Und zu guter letzt stoße ich durch die beschäftigung mit dem mintropplatz in friedrichstadt (31) auf die gustav-poensgen-straße (planquadrat 5575), wo ich mich morgens um kurz vor 8 verirrte, als ich den erstanmeldungstermin für hartz4 beim arbeitsamt in der luisenstr hatte, weil ich im dreieck statt im quadrat gelaufen war und auf der helmholtz die orientierung verlor. Dafür ist die panorama-aussicht auf die ddorfer skyline hinter der ernst-poensgen-allee (5779, bruder, schwager, onkel, opa, enkel oder sohn von gustav?) auf dem berg im sogenannten "grafenberger wald", der in ludenberg (73) liegt, umso befreiender. **Auch die galopprennbahn und die psychiatrische landesklinik (planquadrat 5878) liegen NICHT IM GERINGSTEN in grafenberg (72), aber wenn ich so weiter mache, werden mich trotzdem die weißen kittel "NACH GRAFENBERG" bringen, weil das der volksmund eben so sagt und dementsprechend auch weiß, wo es gleich im galopp hin gehen soll.** Ach, nur noch schnell eins nebenbei: die sogenannte "himmelgeister kastanie" (pq 5669) liegt schon auf dem stadtteilgebiet itter, der kölner weg ist zwar noch himmelgeist, aber trennt auf der östlichen seite die stadtteile, und die kastanie liegt halt auf falscher seite. Egal, es ist eben die himmelgeister kastanie so wie die klapse in grafenberg, hauptsache, man weiß, was gemeint ist. DER ernst-reuter-platz liegt ja auch nicht in berlin, wenngleich die berliner allee an die damals geteilte hauptstadt erinnern soll...

16.Freifahren 7.1.2013
(PLÄTZEPAUKEN & PANIKATTACKEN)

Das totale ABSCHALTEN vom lernstoff, um von der muskulären anspannung zu regenerieren, ist eine schwerere übung für mich als die totale konzentration auf nichts anderes, denn das macht mir ja spaß und erzeugt einen gewissen adrenalinkick! **Der gestrige sonntag war sehr erholsam, ich habe erst angefangen zu lernen, als das gefühl eintrat, nach der bewußten ablenkung wirklich AUSGERUHT zu sein. Dementsprechend war mein gehirn wieder ein trockener schwamm, der alles aufsaugen konnte, als wäre ich eine defragmentierte festplatte, die neu programmiert werden soll.** Ich hatte geträumt, daß der new yorker stadtplan FALSCH sei und die FEUERWEHR daran schuld hätte! So sah es jedenfalls aus der vogelperspektive aus, denn ich schwebte im traum wie ein engel über den wolkenkratzern, wie man es aus dem vorspann von kinofilmen kennt, und begutachtete skeptisch die gitterstruktur der straßenschluchten wie ein dreidimensionales gemälde von mondrian. Bin dann beim aufwachen mit noch geschlossenen augen den DÜSSELDORFER plan auf der inneren leinwand abgefahren, habe mir quasi eidetisch die lernboxkarten vom gestrigen abend vorgestellt, um mich innerlich abzufragen, gedanklich das jeweilige kärtchen umgedreht und nachgeschaut, ob meine lösung stimmt. **Ich SAH dann die fehlenden straßen des platzes und konnte sie vor dem geistigen auge im plan sogar in bunt ausmachen. Die meditaTIEFE konZENtration beim wilden textmarkern rentiert sich anscheinend! Dann den schlaf aus den augen gewaschen, die realen karten aufs klo mit genommen, das handy noch ausgelassen, um mich nicht abzulenken, solange das hirn noch _"im schlaf lernt"_.** Beim plätzepauken taucht plötzlich das nebenthema ÄHNLICHKEITEN auf: Am SANDacker liegt am rheinufer in hamm (34), der SANDweg in stockum (51) am freiligrathplatz führt über die danziger, der hohenSANDweg verläuft im ehemaligen ziegelei-gelände am südpark hinter der provinzial (platz) in wersten (91), ein gelände, das anläßlich der buga 1987 komplett saniert wurde (auch der nahe gelegene grüne _"deckel"_ über den A46-tunnel entstand damals im selben zuge!), eine mini SANDstraße am breidenplatz in unterbach (84) geht ums eck, der SANDträgerweg (exakt im planquadrat 5975) in vennhausen (83) mündet als verlängerung der königsberger _"in den kötten"_, aber den sandmännchenweg finde ich nirgends! Die garather herren vom heinrich-von-brentano-platz sind mir suspekt. Haben sich hier etwa die planer der satellitenstadt selbst verewigt oder waren es vorsitzende von schützenvereinen? Ich denke nur gassenhauer statt erich ollenhauer und schumacher war doch der rennfahrer (schumi!) oder der informelle maler (emil) des abstrakten expressionismus, aber kurt? Wer bitte ist kurt? Kurt SCHWITTERS?? **Wurde Anna Blume im stadtteil hunderteins vom orwellschen wahrheitsministerium bekehrt?? Ist garath das 1984er-zimmer, wo man den großen bruder lieben lernt?** Den gangelplatz merk ich mir mit dem wortspiel _"gängelplatz"_, als ob kinder emma hänseln würden: EEEEMAAAA hat FLÜÜÜÜGELLLL, EEEEMAAAA hat FLÜÜÜÜGELLLL... EMMA hat FLÜGEL und schwebt über der OBERBILKER ALLEE zur LINIENtreuen KIRCHe = linienstr, flügelstr, kirchstr, o.bilker a. und emmastr. **Klingt zwar kompliziert, aber ich finde fast immer eine persönliche eselsbrücke, um das gebiet plötzlich vor augen zu haben.** Und bin erstaunt, an wievielen orten ich irgendwann bereits war. Leider gibt es auch plätze mit bis zu 7 dazugehörigen straßen und kein name will hängen bleiben. Da suchst du verzweifelt nach tricks, wie zb beim georg-schulhoff-platz: das G wie germaniastr und SCH wie sternwartstr, F wie fehlen noch die fähr und volmerswerther.. Oder beim kolpingplatz das P vom ping für pempelfort (stadtteil 14) und das K vom kol für klever str -*pling!*- da sind sie: klever, mauer, pfalz, schwerin im 4er pack – um diesen bitte endlich nicht mehr mit dem karolinger zu verwechseln, an dem übrigens die brunnen von den bilker arkaden runterkommt, deren **B mich an die buysstraße erinnert, die wie joseph beuys gesprochen wird, und ich beim geschlecht der karolinger an die these vom fiktiven mittelalter denke und die machenschaften der katholischen kirche, um mir die feuer-bach herbeizuzaubern, ludwig war nämlich ein religionskritiker, dem ich 1992 ein gedicht mit dem titel "KÖRPERSCHOCK" gewidmet hatte. Also karolingerplatz mit brunnen-, buys- und feuerbachstr.** Fürstenplatz mit fürstenwall, pionier-, kirchfeld-, philipp-reis-, helmholtz-, antonius- und remscheider str. Und alles tausendmal laut wiederholen. Es MUSS in den schädel rein!!! Und die tram fährt zeitgleich an der pionier vorbei, ich blicke von meinen kärtchen auf und denke nur: syn...chro...ni...zi...täten... Es dämmert schon wieder, der tag ist zu schnell vorbei, hätte ich wirklich zum arzt gemußt? Aber die wartezimmerzeit konnte ich immerhin gut nutzen, weil ich genügend lernkärt-chen beschriftet hatte. Und da ich sowieso auf der benrather war, lag es nahe, den avantgardistischen graf-adolf-platz (der in sageundschreibe 3 stadtteilen liegt: stadt-mitte, friedrichstadt und unterbilk) mit seinen leuchtenden sitzbanklinien noch schnell unter die lupe zu nehmen, hahaha, nein, **die leselupe hatte ich nicht dabei, ich will mich ja nicht als totaltaxiplemplemperformer in der öffentlichkeit outen, sondern nur heimlich die straßenführung inspizieren!** Und tatsächlich: ein straßenschild an der ecke der kö/graf-A-platz beweist korrekt, daß die carl-theodor erst ab breite straße beginnt und das kurze stück zwischen breite und kö noch der platz selber ist, was sich im amtlichen stadtplan nicht erkennen lässt, da der schriftzug zu weit in den platz hinein reicht. Sowas kann wichtig sein, wenn es um die korrekte anfahrtsadresse geht (abge-sehen von der postalischen eindeutigkeit), denn in solch einem fall trägt die straße den namen des platzes. Auch das muß man sich erstmal verdeutlichen. Jetzt ist es abend, **ich frage mich, warum ich mir diese quälerei mit dem blog antue, denn ich muß noch die eigentlichen normalen hausaufgaben erledigen, die sich zusätzlich zum auswendig-lernen nach jedem kurstag aufs neue wie eine sisyphosarbeit vor mir auftürmen. Aber da ist diese innere stimme in mir, die befiehlt den prozess zu doku-mentieren, denn diese einmalige chance kommt niemals wieder, es ist eine art pflicht meines schriftstellertums, alles einmalige festzuhalten und durchzureflektieren, ja, wenigstens eine ahnung von diesem übermenschlichen kraftaufwand zu vermitteln, den diese ausbildung mit sich bringt.** Und ich denke sehr oft, daß es im grunde doch eine ehre ist, in solch eine professionelle und wirtschaftlich "*gesunde*" firma überhaupt aufgenommen zu werden, sich würdig zu erweisen für eine realexistente vision von kollegialität & teamgeist, die nicht nur das engstirnige ego füttert sondern einen ganz praktischen nutzwert im sozialen kontext hat, auch wenn das jetzt doof klingt und manche vielleicht den beruf (und erstrecht die berufsethik!) eines taxi-chauffeurs unterschätzen: Wer nur ein einziges mal in seinem leben ein taxi –vielleicht in einem notfall– wirklich dringend benötigt und froh ist, wenn jemand ihn sicher und schnell an einen ort bringt, wo etwas passiert, das für den fahrgast genau jetzt das konkrete, total reale lebensziel darstellt, der weiß diesen "*job*" bis an sein lebensende zu schätZEN, wird sich vielleicht an diese fahrt durch die nacht immer erinnern, obwohl es so nebensächlich und selbstverständlich erscheint, daß da ein anderer mensch auf der piste war, während die meisten von uns nichtsahnend schlafen. Das sind die klischees. Auch ich selbst konnte mir vorher nicht wirklich vorstellen, wie viel wissen ein taxifahrer ansammeln muß. Und das gruseln vor dem ersten arbeitstag, ob man die richtigen routen berechnet oder am ende der ersten schicht eine lawine beschwerden in der zentrale eintrudelt! Panikattacken überfallen mich alle paar tage, obwohl ich nichts anderes mache als pauken, pauken und pauken...

P.S. 8.1. ~ Sag mal einem sogenannten intellektuellen: *"NICHT ZU VIEL DENKEN"* – NUR AUSWENDIG LERNEN! Nach zwanzig jahren grübelei nicht gerade leicht, das gehirn hat mit der zeit so seine eigene routine entwickelt. **Wie schafft es ein denkertyp, KEINE FRAGEN zu angedeuteten randthemen zu stellen, oder besser gesagt: gar nicht erst zu EMPFINDEN? Der denker empfindet die fragen als selbstverständlich, natürlich und notwendig! Das unterdrücken von denkprozessen gleicht einem hochverrat an der NEUGIER.** Aber es geht hier um etwas ganz anderes, nämlich das konzentrieren und fokussieren auf das allerwesentlichste, um die ok-prüfung (ortskunde) zu schaffen! Denn ohne ok kriegt man beim straßenverkehrsamt den PERSONENBEFÖRDERUNGSSCHEIN eben nicht. Was man darüber hinaus *"für die praxis"* gern weiß oder sogar wissen SOLLTE, steht auf einem ganz anderen blatt. Und so gönne ich mir nach diesem 16.tag, der zugleich erstmals mit *"leistungskurs"*-zusatz über die bühne ging, dh. bis spät nachmittags in die winterliche dämmerung hinein statt nur mittags, ein gläschen rotwein und **freue mich, daß das persönliche feedback des dozenten viel positiver ausfiel, als ich erwartet hatte. Er hat mich durchschaut, mein kybernetisches naturell, hat mir mut gemacht, das delirische lerntempo zu halten, aber mir AUCH (!) richtige pausen zu gönnen UND (!) mich vorallem nicht von den vielen detailrätseln irritieren zu lassen, die sich am wegesrand auftun.** Ich bin gar nicht so schlecht, wie ich dachte, die defizite auf halber strecke dürfen ruhig sein. Sich an den anfang der ausbildung nochmal zu erinnern, sei immer sehr sinnvoll, um zu erkennen, W I E V I E L man schon weiß, anstatt nur den informationsberg zu sehen, der noch nicht abgearbeitet ist und dich wie eine lawine überrollen könnte, wenn man das lernen bis auf den letzten drücker hinaus schieben würde, aber das tue ich ja ganz und gar nicht. Und bei dem ein oder anderen statement hatte ich fast das gefühl, daß er mein tagebuch kennt, weil es so wirkte, als hätte er meinen blog durch die blume kommentiert... blumenstr, königstr, J wie justizministerium wie josephinenstraße und auf der anderen seite die berliner allee, macht insgesamt 4 straßen, die beim martin-luther-platz zu nennen sind, wo auf der wiese vorm ministerium der mathematische mittelpunkt der landeshauptstadt liegt, von dem aus die kilometer entfernungen zu anderen käffern wie köln gezählt werden – ABER GENAU DAS GEHT JETZT ZU WEIT UND DARUM BEISSE ICH MIR AUF DIE ZUNGE und schaue im ordner schnell nach, ob es stimmt. Ja, die 4 straßen sind richtig, klappt doch :-) **Ich hole die weißen lernkärtchen raus und beginne, die weiteren plätze so einzutragen, daß vorne der platzname steht, während der stadtteil und die dazugehörigen straßen auf die rückseite kommen – und schreibe sie optisch so schräg zueinander, wie der verlauf im plan dargestellt ist, damit ich mich besser an den REALEN platz aus der visionierten vogelperspektive erinnere.** Es fehlen noch ungefähr zwei drittel. Zwischendurch muß ich mir wieder und wieder die standorte von institutionen reinziehen, die habe ich bislang am meisten geschludert, es sind fast 400 und ich *"kann"* nur diejenigen, die ich sowieso schon aus meinem alltag kenne...

17.Freifahren 10.1.2013
(VERTEILT & VEREWIGT)

Unmöglich, die viel zu individuellen namen der straßen am **_REESER PLATZ_** einfach auswendig zu lernen! Ich wollte versuchen, nicht mehr "_von hölzchen auf stöckchen_" zu kommen, aber der **golzheimer planquadrat 5279** zwischen kaiserswerther und rotterdamer richtung messe reißt mich in einen unerwarteten schlund aus geschichtlichen ereignissen (ein gefühl wie die szene in time bandits, als der kleine junge im bett überrascht wird und mit den zwergen durch das zeitloch hindurch fällt!), als ich mich frage, warum **_LEO STATZ & FRANZ JÜRGENS_** hier wieder nebeneinander auftauchen, diesmal als straßen, während sie **am polizeipräsidium plätze** sind. Und da offenbart sich mir das gigantische informationslabyrinth der widerstandskämpfer im dritten reich, die über die ganze stadt gut verteilt wurden! Sowohl **OPERATION WALKÜRE** mit **_erwin von witzleben_** (wäre nach erfolgreichem putsch zum oberbefehlshaber der wehrmacht avanciert), **_klausing_** (war der gehilfe von **_stauffenberg_**), **_erich hoeppner_** (sollte das ersatzheer befehligen) und **_ludwig beck_** (str im mörsenbroicher pq5679 an der heinrich), der als vorläufiges staatsoberhaupt vorgesehen war und mit dem hoeppner bereits 1938 zusammen einen putsch geplant hatte (der wegen hitlers erfolg beim münchner abkommen platzte), als auch die düsseldorfer **AKTION RHEINLAND** mit ihren beiden untergrundgruppen um die anwälte **_karl müller_** (str im düsseltaler pq5678 zwischen goethe und cranachplatz) und **_karl august wiedenhofen_** (str im hellerhofer pq6366 unterhalb der durch eine grünfläche verbundenen ingeborg-bachmann, nicht weit von der karl-jaspers), deren mitglieder am reeser platz und woanders verewigt sind! **Der architekt _aloys odenthal_ (eigener platz im gerresheimer pq6078 nahe gerricusplatz)** und _wiedenhofen_ erzielten die kampflose übergabe der bereits zu 90% zerstörten frontstadt am 17.4.1945, so daß _franz jürgens_ NICHT UMSONST von hitlers standgericht erschossen wurde! Ansonsten hätten 800 bomber die trümmer der stadt nochmal im ultimativen luftangriff pulverisiert und es hätte NOCH MEHR TOTE gegeben! Schutzpolizeikommandant _jürgens_ verweigerte gauleiter florians befehl zur "_verbrannten erde_" (womit die komplette zerstörung der städtischen infrastruktur gemeint war, um aus düsseldorf eine letzte reine kampfzone im stile eines dystopischen science-fiction szenarios zu machen), die rheinbrücken hatte hitler schon sprengen lassen, weil die amis in neuss bis zum bezirk 4 vorgerückt waren. **Am 16.4.45 ließen _karl kleppe_, _theodor andresen_, _franz jürgens_ sowie _josef knab_ und der 20-jährige student _hermann weill_ ihr leben beim mutigen einsatz für den plan** _jürgens_, den polizeipräsident und ss-brigadeführer korreng festzusetzen, um selbst so genannte passierscheine anzufertigen, dank derer sich _wiedenhofen & odenthal_ als unterhändler der stadt legitimieren konnten. Aber wer hatte den plan dann verraten? Warum wurde korreng kurz darauf durch einen stoßtrupp befreit? Stellvertreter _goetsch_ konnte zu _karl müller_ nach gerresheim fliehen, _wiedenhofen & odenthal_ drangen zu den amerikanischen linien bei mettmann durch, aber die 5 anderen wurden noch nachts (also wenige stunden vor der befreiung!) wegen "_kriegsverrat_" hingerichtet! Korreng beging schon im juni 45 selbstmord, während _odenthal_ 1984 die ddorfer ehrenbürgerrechte erhielt. Er lebte noch bis 2003. Die todesurteile wurden bis ende 1999 mehrfach vom bundesgerichtshof als rechtskräftig befunden, erst dann sorgte ein neues GESETZ

ZUR AUFHEBUNG NATIONALSOZIALISTISCHER UNRECHTSGESETZE für den **respekt vor den widerstandskämpfern, deren ehrengräber auf 3 friedhöfen zu finden sind: nordfriedhof, gerresheimer waldfriedhof und stoffeler friedhof, über den ich schon oftmals gewandert bin, dort stehen auch die grabsteine vom** URSPRUNG **und von** FRANKENSTEIN, **leider beide ohne angaben von lebensdaten.** Eine gedenktafel für jene tapferen bürger steht übrigens in der _anton-betz_-str (zwischen färber und feuerbach, quasi luftlinie hinter der drachenskulptur beim s-bhf volksgarten), die nach dem **gründungsdirektor der rheinischen post benannt ist, die erstmals am 2.3.1946 erschien, nachdem kurz zuvor die briten zeitungslizenzen vergeben hatten. Mitherausgeber war kein geringerer als der erste nachkriegsministerpräsident und bürgermeister** _karl arnold_ (siehe sogenannte "_kgb_"-plätze [die beiden anderen: golzheimer, bennigsen] an der cecilienallee, wenn man die rotterdamer am rheinufer entlang unter der lastring-nord-brücke theodor-heuss-brücke hindurch weiterfährt), dessen sohn gottfried das verlagshaus gegenwärtig leitet. Vater karl war ein pragmatisch orientierter politiker, dem es um die konkrete verbesserung der lebensumstände ging anstatt um abstrakte theorien, wie man es heutzutage von politikern oft gewohnt ist. Apropos bürgermeister: **unser amtierender OB** _dirk elbers_ **weihte am 17.4.2011 (66.jahrestag) den "weg der befreiung" ein: 6 stelen von ddorf nach mettmann erinnern an fluchtstationen von wiedenhofen & odenthal. Aber der reeser platz selbst zeugt weder von einer partnerschaft mit der stadt rees in illinois noch meint er den asteroiden oder womöglich die schauspielerin autumn reeser, sondern erinnert an ehemalige landkreisgrenzen: 1969 und 1975 wurde nrw neu gegliedert und der KREIS REES oberhalb der lippe am rechtsrheinischen niederrhein aufgelöst! Mitten in diesem gebiet liegt die stadt rhede, wo** _leo statz_ **seiner familie ein haus gebaut hatte.** Statz schrieb humorvolle gedichte und karnevalslieder, er war präsident der prinzengarde und wurde am 1.9.43 von der gestapo verhaftet und vom volksgerichtshof unter roland freisler wegen "_zersetzungspropaganda_" verurteilt und am 1.11.43 auf persönliche anweisung hitlers ENTHAUPTET. Sein vetter _erich klausener_ (siehe str oberhalb der paracelsus "_pipiklinik_" unweit vom reeser) wurde bereits 1934 von den nazis im zuge einer säuberungswelle (röhm-putsch) ermordet. Bei diesem erzkatholiken scheint sich die fachwelt noch uneinig zu sein, inwieweit er trotz seiner kritik am ns-chefideologen alfred rosenberg (nicht zu verwechseln mit alfons rosenberg, der das meditationspotenzial des symbols kreuz frei von religionen als archetyp der menschlichen figur erforschte) bestimmte veränderungen durch hitler begrüßte, obwohl er sich als vertreter des "_politischen katholizismus_" gegen rassismus und intoleranz aussprach. Schon 1946 kritisierte _konrad adenauer_ (nach dem der bahnhofsvorplatz benannt wurde) DAS SCHWEIGEN DER BISCHÖFE über den mord an klausener, denn die kirche hätte den verlauf der geschichte angeblich verändern können. **Vetter** _leo statz_ **allerdings ist uns bis heute auf fröhliche weise vertraut durch die plakette der funkenartillerie rot-weiss, was im angesichte seiner enthauptung vielleicht nach schwarzem humor im stile monty pythons aussieht, aber sich dadurch erklärt, daß ja schützenvereine, kirmes und karneval zu den allerersten gesellschaftlichen ereignissen (mit den originellsten kostümen aus trümmerfetzen!) gehörten, die direkt nach dem krieg wieder auflebten, um durch das anknüpfen an teilweise unter ns-herrschaft verbotene traditionen einen gewissen halt inmitten der apokalyptischen landschaft zu ermöglichen und das gefühl eines gesunden bürgerlichen lebens zurück zu erobern.** Und so schließt sich der kreis der historischen informationsstrudel rund um den reeser platz, zu dem auch die orsoyer straße zählt, die sich –nur mal am rande nebenbei erwähnt– auf pferdewiesen (rossaue im dialekt) des gleichnamigen stadtteils (seit 1975) von rheinberg bezieht, über moers richtung... natürlich: richtung **rees**...

18.Freifahren 13.1.2013
(POLITIK & WIRTSCHAFT IM VERKEHR)

Die herren vom garather brentano-platz sind doch keine karnevalisten sondern politiker der nachkriegsära! Es wimmelt nur so vor lauter *"stadtvätern"* (wo sind die mütter?): oberbürgermeister, kanzler, präsidenten, industrielle... – die ganze (offizielle) stadtge- schichte ist im grunde IM VERKEHR VEREWIGT, ich nenne nur mal ein paar beispiele von gleichnamigen straßen, plätzen, häusern und alleen: Ludwig Hammers (1822-1902) OB 1849-1876; **Ernst Heinrich Lindemann (1833-1900) OB 1886-1899, war davor bereits zwei- mal im ruhrgebiet bürgermeister, nämlich in essen (1859-1868) und in dortmund (1878- 1886), bevor er in düsseldorf dann den ostpark und den volksgarten anlegen ließ** sowie den grafenberger wald für die stadt erwerben konnte, aber zurücktreten mußte, weil dem regierungspräsidenten das vorhaben mißfiel, auch noch das waldgebiet im osten anzukaufen; Wilhelm Marx (1851-1924) OB 1899-1910, modernisierte die stadt mithilfe der industriellen Lueg, Poensgen, Schiess und Hermann Heye; Karl Arnold (1901-1958) CDU- OB 1946-1947, nrw-ministerpräsident 1947-1956; Josef Gockeln (1900-1958) CDU-OB 1947-1956; Georg Glock (1891-1959) SPD-OB 1956-1959, gehörte zu einem durch die besatzungsbehörden berufenen vertrauensausschuss; Willi Becker (1918-1977) SPD-OB 1960 (weil Georg Glock überraschend starb) & 1964-1974, beging wegen einer schwe- ren krankheit selbstmord; Fritz Vomfelde (1900-1961) CDU-OB 1961, bis 1991 hieß der feldmühleplatz noch fritz-vomfelde-platz; Otto von Bismarck (1815-1898) 1.reichskanzler des deutschen kaiserreichs 1871-1890; Friedrich Ebert (1871-1925) 1.reichspräsident der weimarer republik 1919-1925; Gustav Stresemann (1878-1929) reichskanzler 1923, erhielt 1926 den friedensnobelpreis (bin mir nicht sicher, wofür); **Theodor Heuss (1884-1963) 1.bundespräsident 1949-1959; Konrad Adenauer (1876-1967) 1.bundeskanzler 1949- 1963, der als stellvertretender kölner OB während des 1.weltkrieges für die versorgung der bevölkerung mit lebensmitteln zuständig war und dadurch seinen spitznamen *"graupenauer"* erhielt, er wurde übrigens schon dreimal in der weimarer republik (1921, 1926, 1928) als kandidat für das amt des reichskanzlers heiß, aber erfolglos gehandelt;** Ludwig Erhard (1897-1977) 2.bundeskanzler 1963-1966; Heinrich von Brentano (1904- 1964) CDU-mitbegründer 1945; Hermann Ehlers (1904-1954) 2.präsident des deutschen bundestages 1950-54; Kurt Schumacher (1895-1952) SPD-parteivorsitzender 1946-1952 und oppositionsführer gegen Adenauer; Erich Ollenhauer (1901-1963) SPD-partei- vorsitzender 1952-1963; Wolfgang Döring (1919-1963), FDP-landtagsabgeordneter nrw 1954-1958, der 1956 maßgeblich am sturz der CDU-regierung unter Karl Arnold beteiligt war; Heinrich Lueg (1840-1917) gründete mit den gebrüdern Haniel 1873 die maschinen- fabrik *"Haniel & Lueg"*; **Ernst Poensgen (1871-1949), in seiner eigenen stiftung unterwegs als förderer von kunst & wissenschaft, war der gründer & vorsitzende des tennisvereins rochus-club (an der nicht-grafenberger sondern ludenberger galopprennbahn) und baute das eisstadion an der brehmstraße im zoopark, die frühere stadtwaldstraße heißt heutzutage ernst-poensgen-allee;** Ernst Schiess (1840-1915) gründete 1891 den verein deutscher werkzeugmaschinenfabriken (VDW), war ab 1897 vorsitzender der industrie- und handelskammer, eine straße in derendorf war von 1930 bis 1966 nach ihm benannt, dann wurde die löricker straße 1966 im heerdter bereich in schiessstraße umbenannt.

Besonders spannend auch solche, die zwar NICHT verewigt wurden, aber auch mit der geschichte der stadt verbunden sind, wie z.b. **Walter Kolb (1902-1956), der nur für kurze zeit 1945/46 als allererster nachkriegs-OB (SPD) und 1946 als oberstadtdirektor fungierte (was macht dieser direktor im gegensatz zum bürgermeister? Ach ja, und es gibt auch den unterschied zwischen bürgermeister und oberbürgermeister, aber das kapier ich überhaupt noch nicht), bevor er ab 1946 seine eigentliche karriere als OB von frankfurt am main mit dem dortigen wiederaufbau begann, während Karl Arnold nun zeitgleich dieses amt in düsseldorf ausübte. Kolb ließ sogar vorsorglich ein plenargebäude für den bundestag bauen, weil er "sein" frankfurt gerne als hauptstadt gesehen hätte, doch konnte sich Adenauer mit "seinem" bonn durchsetzen.** Das plenargebäude nannte man spöttisch "kolbs badewanne", aber immerhin konnte es der hessische rundfunk für sendezwecke umbauen und bis heute nutzen. Nebenbei sei erwähnt, daß Kolb den sozialphilosoph Max Horkheimer zur rückkehr nach frankfurt ermutigte, woraus ja bekanntermaßen zusammen mit Theodor W. Adorno die "frankfurter schule" entstand, aber wir reden hier ja von düsseldorf und dort gab es die sogenannte **DÜSSELDORFER MALERSCHULE von 1819 bis 1918 an der königlich-preußischen kunstakademie, deren direktoren damals Peter von Cornelius und Wilhelm von Schadow waren,** die wir an der jan-wellem-baustelle am nördlichen anfang der königsallee wiederfinden (wo Daniel Libeskind "seinen" kö-bogen bald einweihen kann), was einen weiteren themenkreis in der namensgebung des stadtverkehrs eröffnet: künstler, dichter, intellektuelle, aber DAS wird auf die nächste lernpause verschoben...

19.Freifahren 15.-19.1.2013
(ZEITMANAGEMENT & ZAHNSCHMERZ)

15.1. ~ Beim lernen kommt mir nebenbei die idee, aus meinen persönlichen zusatz-recherchen eine art STADTQUIZ zu formulieren, das über das nötige prüfungswissen hinaus reicht, um mir einfach nur im gedächtnis zu behalten, WIE VIELE EBENEN & DETAILS es am wegesrand noch zu entdecken gäbe, wenn die zeit dafür reichen würde! Meine bisherigen fragen könnten dann in etwa so lauten:

01) Welche Nummer hat der Stadtteil...
    a) Kaiserswerth
    b) Lierenfeld
    c) Benrath
    d) Heerdt
    e) Stadtmitte

02) Liegt Düsseltal im Stadtgebiet Düsseldorf-Mitte?

03) Nennen Sie 2 Stadtteile aus Bezirk 3

04) Wieviele Stadtteile umfasst Bezirk...
    a) 2
    b) 3
    c) 4
    d) 9

05) Welche Bezirke gehören zu Düsseldorf-Ost?

06) Nennen Sie 3 Stadtteile aus Bezirk...
    a) 1
    b) 6

07)
    a) Wie hieß der erste Nachkriegsministerpräsident?
    b) Welche Zeitung gründete er damals mit wem?

08) Nennen Sie die Namen von 3 Widerstandskämpfern, die das *"kampflose"* **Ende des 2.Weltkrieges am 17.4.1945 herbeiführten**

09) In welchen Jahren wurde NRW neu gegliedert ?

10) Welcher Bürgermeister ließ den Volksgarten anlegen und wann ?

11) Welchen hochdotierten Preis erhielt Gustav Stresemann und wann ?

12) Wie hießen die ersten beiden Bundeskanzler der Bundesrepublik Deutschland nach dem 2.Weltkrieg ?

13) Waren Ludwig Hammers und Wilhelm Marx im 19.Jhd. Oberbürgermeister von Düsseldorf ?

14) Welche Posten hatten Peter von Cornelius & Wilhelm von Schadow ?

15) In welchem Stadtteil steht die "Himmelgeister Kastanie" ?

16) Zu welcher Stadt zählt die Düsseldorfer Straße südlich der Fleher Brücke ?

17) Welche Einrichtung befindet sich an der Schönen Aussicht in Erkrath ?

...und meine MUSTERLÖSUNGEN wären dann zum beispiel diese:

01) 53, 81, 95, 42, 13
02) Nein
03) Hafen, Oberbilk
04) 3, 8, 4, 8
05) 2, 7, 8
06) a) Stadtmitte, Pempelfort, Golzheim
    b) Lichtenbroich, Mörsenbroich, Rath
07) a) Karl Arnold **b)** Rheinische Post, Anton Betz
08) Jürgens, Wiedenhofen, Odenthal
09) 1969, 1975
10) Lindemann 1886-1899
11) Friedensnobelpreis 1926
12) 1. Konrad Adenauer, **2.** Ludwig Erhard
13) Ja, Marx sogar bis 1910
14) Kunstakademie-Direktoren
15) Itter
16) Dormagen
17) Neanderbad

18.1. ~ Trotz zahnschmerzen outdoor recherche im schnee... Bin auf der harffstr und staune: In dem moment, da ich in den FRIEDBERGER WEG einbiege, öffnet sich eine art magisches tor und die erinnerung an die beiden anderen straßen vom WALDECKER PLATZ (in eller) taucht doch noch als bunter stadtplan auf, **ich bin fasziniert von meinem neurospeicher, aber finde es auch etwas gruselig, weil es wie eine eingebaute automatik wirkt, die nicht manuell (willentlich) kontrollierbar ist. Das gehirn als selbstläuferischer biocomputer? Ich kenne die funktionsknöpfe nicht, höre nur, wie er rauscht und knattert, wenn ich ihn mit neuen daten füttere, und plötzlich suchergebnisse ausspuckt, wenn ich eigentlich dachte, er sei bereits abgestürzt:** KUSELER & NASSAUER WEG! Ich gehe die friedberger rein und prüfe es nach... STIMMT!! Ich bin erleichtert, denn jetzt ist wieder 1 platz weniger zu lernen (die verankerung durch "*echtes erleben*" ist immer leichter, aber bei 80 plätzen? [regie-anweisung an dieser stelle: hysterischer lachkrampf]), und schaue mir den verlauf der straßen am platz etwas genauer an, dessen zentrum aus einem riesigen spielplatz und einem bolzplatz mit sehr hohem maschendrahtzaun drumherum als auffangnetz besteht. Den veralteten (?) begriff "bolz" hatte ich ewigkeiten nicht mehr gehört und vorallem erstrecht nicht auf einem amtlichen schild erwartet! Echt cool, dieser platz würde mir auch als kind sehr gefallen! Interessant auch, daß an jener inneren straße, die den namen des platzes selber als postalische adresse trägt, nur die hausnummern 2-16 existieren, also nur "*gerade*" zahlen, obwohl nicht alle häuser konsequent auf der linken seite liegen (vom rathaus aus gesehen, wie es die regel mit nur 3 ausnahmen vorschreibt): ihr vom echten platz aus verborgener zickzackverlauf (weg vom echten platz) beginnt in der mitte des platzes genau zwischen spiel- und bolzplatz und mündet mit bebauungen auf der rechten seite (mit gartenblick zum bolzplatz) in einer unerwarteten sackgasse zur friedberger hin. Auf der restlichen hälfte der strecke am bolzplatz entlang (parallel zur sackgasse) verbindet ein FUẞWEG die friedberger mit den häusern des postalischen platzes zur nassauer hin. Leider läst sich das so gründlich nicht wirklich in der grafischen darstellung des amtsplans nachvollziehen, weil lediglich ein einziger balken direkt über dem kuseler weg zwischen friedberger und nassauer vermuten lässt, daß es gar keinen platzbereich gäbe sondern nur eine platznamige straße, deren schriftzug darüber hinaus so ungünstig über die kuseler reicht, daß man WEDER bemerkt, daß hier der riesige freiplatz im zentrum komplett fehlt (man denke im gegensatz dazu mal an den fürstenplatz in friedrichstadt oder den lessingplatz unweit davon in oberbilk: wie klar und deutlich die platzmitte dort ALS platz erscheint!) NOCH daß die kuseler NICHT vom platz unterbrochen wird. Dadurch daß die enden des balkens außerdem abgetrennt sind, wirkt es, als könne man den platz nicht mit dem auto befahren, geschweige denn um die ecke in einer sackgasse landen, wo durchaus noch menschen zu finden sind, die vielleicht sogar ein taxi bestellen könnten :-) **Nach dieser detektivischen kleinarbeit habe ich dann schnell zuhause selbst eine skizze mit edding und textmarkern angefertigt, um die mängel der amtskarte zu kompensieren** [siehe ganz unten]. Meine finger mußten allerdings erstmal wieder auftauen, denn das winterliche fotoshooting des platzes kann nur als grenzwertig bezeichnet werden, aber beim fotografieren bin ich schon immer hart im nehmen: ich will den perfekten schnappschuss – wer weiß, welcher anwohner hinter dem vorhang seines küchenfensters verstohlen dachte: was macht dieser mann da bloß, ist der verrückt, ist man noch nicht einmal an diesem beschaulichen waldecker platz vor komischen gestalten sicher?? **Keine sorge, nur der taxiwahn hat mich befallen, ein völlig harmloser virus und nicht ansteckend, solange kein stadtplan vor deinen augen auftaucht, der dich in seinen bann zieht!** Davor war ich übrigens in der "*classic remise*" nur ein paar wenige meter daneben (im megaspitzen südausläufer von oberbilk), um das gerücht zu bestätigen, daß und vorallem WARUM die im volksmund geläufige wortmarke "*meilenwerk*" nicht mehr benutzt wird: um nicht mit anderen firmen verwechselt zu werden, die denselben namen auch benutzt hatten, das unternehmen hat aber nicht den besitzer gewechselt. Ich bestaune die wort-wörtlich glänzend erhaltenen bentleys, einen wunderschönen rolls-royce XXL und diverse jaguare aus längst vergangenen zeiten, alles geräumige limousinen wie luxusdampfer – verkehrsschiffe mit gigantischen kotflügeln wie gemacht für große leute! Eigentlich seltsam, daß autos immer enger und kleiner gebaut werden, obwohl menschen durchschnittlich größer werden als damals. Ich bräuchte definitiv eine oldtimer-limo mit meinen über eins neunzig, um mich so richtig wohl zu fühlen, das fängt schon beim einsteigen mit den hohen türen an, ach ich könnte ins schwärmen geraten, aber die e-klasse der mercedes benz taxen soll ja angeblich auch einen extrem hohen wellnessfaktor haben, da lass ich mich gern überraschen...

19.1. ~ Wiedermal einer dieser samstag nachmittage nach kursende, der 21.schulungstag ist um, das sind zwei drittel der ausbildung, 10 weitere folgen noch bis zur "OK"-prüfung (ortskunde) am aschermittwoch. Ich bin mittlerweile sowas von fertig, das schlafdefizit lässt sich nicht ausgleichen und das *"mörsenbroicher ei"* AN MEINEM KINN ist noch immer gelähmt (hatte der zahnarzt womöglich den nerv mit der betäubungsspritze getroffen?), und es sind immer noch UNMENGEN namen, zusammenhänge und strecken mit tücken auswendig zu lernen, ich wünschte, ich könnte MEHR ZEIT HERBEI ZAUBERN, jeden einzelnen tag von 24 auf 30 stunden erweitern, um mir zwischendurch genug schlaf und entspannung zu gönnen. Aber ein kleines erfolgserlebnis hatte ich heute dann doch wenigstens: meine spontan ausgetüftelte streckenführung der nicht geschafften hausaufgabe entpuppte sich als kürzeste toproute. Zum realisieren eines derartigen minierfolges bleibt zwar kaum zeit, weil die nächste übungsstrecke schon wieder komplett falsch gelöst sein könnte (ein traumatisch großer umweg zu lasten des fahrgastes, der sich dann nachträglich über den zu hohen preis beschwert!), aber immerhin habe ich das prinzip schonmal irgendwie verstanden, ich muß einfach nur pauken, pauken, pauken, um es in der tatsächlichen praxis auch FREI anwenden zu können, naja, und vorallem, um erstmal die prüfung überhaupt zu bestehen. **Was mir allerdings positiv auffällt, ist daß sich inzwischen auch separat abgespeicherte informationen (aus unterschiedlichen themenkreisen) selbständig im gehirn miteinander verdrahten, denn manchmal erwische ich meine synapsen dabei, wie sie ein endergebnis aus vernetzten einzeldaten ausspucken, die von unterschiedlichen synapsenbahnen gespeist sind. Jaja, das gehirn ist ein taxisystem, an jedem synapsenende wurden im laufe des lebens gps-sender angebracht, überall blinkt es im kopf, meine nerven sind stadtautobahnen auf einem fremden planet und die *"wahrnehmung"* als solche (das große geheimnis der neurobiologen!) ist wie ein fliegender geist über den gebäuden oder der wind oder das wetter oder die *"stimmung"*, die über der stadt hängt.** Aber genug der surrealen fantasterei, ich erlaube mir jetzt erstmal, meine freundin zu treffen, um kurz mal so zu tun, als gäbe es überhaupt KEINEN STRESS und überhaupt KEINE PANIK – es ist ein normaler samstag abend ein normaler samstag abend ein normaler samstag abend ein normaler...

P.S. 21.1. ~ KLEINER MONTAGSNACHTRAG: Beim positionieren der waldecker platzfotos für panoramio (google map) fiel mir eine kleine sackgasse auf, die ich bei der ersten visite am freitag übersehen hatte, da sie erst HINTER DER HECKE am ende der platzstraße beginnt und vom friedberger weg aus erreichbar ist, wenn man diesem am bolzplatz entlang weiter folgt, worauf ich am freitag aufgrund der eiskalten finger verzichtet hatte. Daher entschloss ich mich heute, auf dem nachhauseweg von meiner freundin (nachhauseweg??? finde ich nirgends im straßenverzeichnis) nochmal einen abstecher ins gurkenland zu unternehmen! Dank einer anwohnerin weiß ich nun, daß diese PRIVATSTRAßE postalisch zum friedberger weg gehört und habe die skizze entsprechend ergänzt: **PRIVATER STICHWEG vom Friedberger Weg**

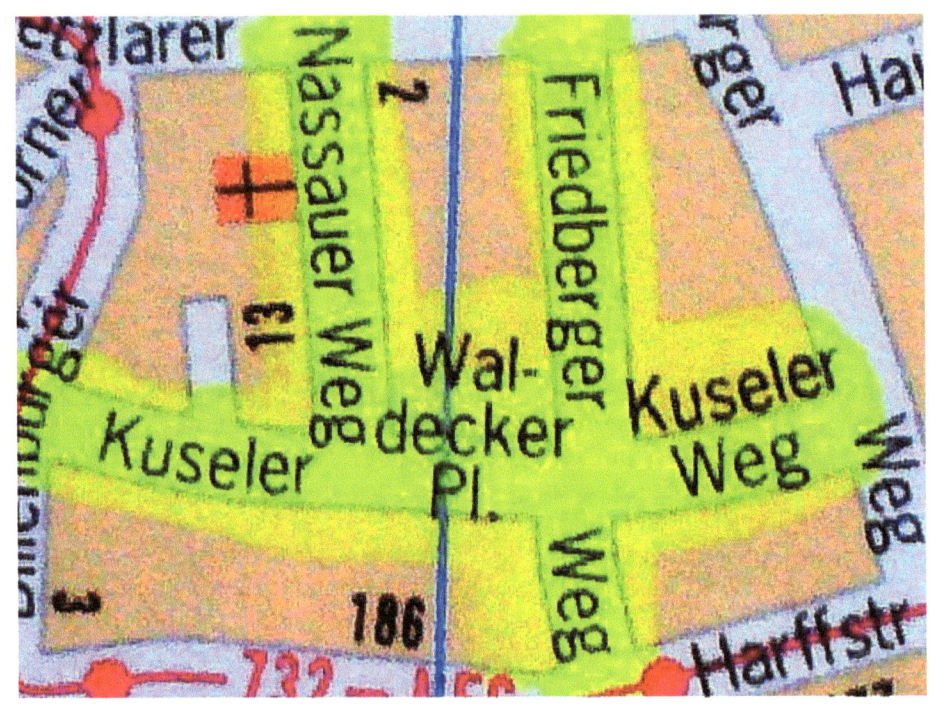

18.1.2013

RHEIN-TAXI
AZUBI-
RECHERCHE

☺

2-16

NASSAUER WEG

WALDECKER PLATZ

Spiel-platz

Bolz-platz

FRIEDBERGER WEG

Ⓢ BHF ELLER SÜD

CLASSIC REMISE

KUSELER WEG

TEMPO 30

FRIED...

WERSTENER FELD

Fußweg zwischen Waldecker Platz und Friedberger Weg!

HARFF STRASSE

ELLER

5773

FRIEDHOF ELLER

5873

20.Freifahren 21.+23.1.2013
(ANSPRUCHSVOLL & ABGEHEND)

21.1. ~ dein stress ist mein stress ist dein stress ist mein stress ist dein gesicht ist mein gesicht ist dein gesicht ist mein gedanke ist dein gefühl ist mein gefühl ist dein gedanke ist meine umarmung ist deine umarmung ist mein glück ist dein glück ist mein glück ist dein frieden ist mein frieden ist dein jetzt ist mein jetzt ist dein jetzt ist mein jetzt ist dein stress ist mein stress ist dein gesicht ist mein gefühl ist dein gedanke ist meine umarmung ist dein glück ist mein frieden ist dein jetzt ist mein jetzt ist dein jetzt ist mein stress ist dein stress

23.1. ~ Von 4-9 die kärtchen mit 25 straßen plus jeweils 4 abgehenden fertig geschrieben/gezeichnet. Nachts ist das hirn wie ein trockener schwamm, keinerlei ablenkung von außen und das gefühl, einer verschwörung beizuwohnen, für die ich mir rahmenkoordinaten einpräge. Zwischendurch plätze wiederholt, die ich eigentlich kann, aber sich dank der straßen ins gedächtnis rufen. Den staufenplatz fast vergessen mit 9 abgehenden, aber mithilfe der "dirigentenmethode" sowie dem vermerk der zahlen für eine melodische reihenfolge schnell reaktiviert: ERNST-POENSGEN und GRAFENBERGER ALLEE den arm von mitte oben nach rechts mitte, dann rechts runter LUDENBERGER, LIMBURG von schräg rechts nach schräg unten, dann den arm auf derselben linie schräg hoch bis zur GUTENBERG, noch schräger links die VAUTIER quer rüber zur WITTELSBACH rechts runter, daneben die HAARDT und den BISMARCKWEG handkantenschläge, eine perfekte komposition...

21.1.2013, 93.E.S.

ANSPRUCHSVOLLE

dein stress ist mein stress
ist dein stress ist mein stress
ist dein gesicht ist mein gesicht
ist dein gesicht ist mein gedanke
ist dein gefühl ist mein gefühl ist
dein gedanke ist meine umarmung ist
deine umarmung ist mein glück ist
dein glück ist mein glück ist dein
frieden ist mein frieden ist dein
jetzt ist mein jetzt ist dein jetzt
ist mein jetzt ist dein stress ist
mein stress ist dein gesicht ist
mein gefühl ist dein gedanke ist
meine umarmung ist dein glück
ist mein frieden ist dein jetzt
ist mein jetzt ist dein jetzt
ist mein stress ist dein stress

21.Freifahren 27.1.2013
(METTMANNER MÄRCHEN, MALER & MEHR)

Ein sonntag. Seit heute morgen recherchiere ich sehr gemütlich im bett (der riesige stadtplan könnte die bettdecke glatt ersetzen, allerdings hat die nicht so viele tesafilmverklebte löcher), habe 2 weitere märchensiedlungen im direkt angrenzenden umland entdeckt: das kleine zonser märchenviertel mit einer märchenallee für frau holle sowie an der ratinger str die mettmanner märchenleiter mit einem SANDMÄNNCHENWEG, dessen fehlen ich letztens erst spaßeshalber beanstandete, als ich mir alle ddorfer straßen mit sand aufzählte (würde mich nicht mehr wundern, wenn auch die erwähnte MILCHSTRAßE irgendwo stumm wie das weltall lauerte). **Dann plötzlich die zweite unerwartete sensation gleich nördlich davon: in einem philosophen-eck sticht mir neben kant und herder die vorallem vermisste NIETZSCHESTRAßE ins auge! Was für ein glückstag, der detektiv in mir jubiliert!** Als ich dann noch den neusser poetenwirbel rund um den norfer lessingplatz finde, wo die wege z.b. _franz-werfel_, _hermann-hesse_, _ricarda-huch_ und _stefan-zweig_ heißen, fühle ich mich reichlich beschenkt mit weltliterarischen namen, zumal mich bereits der angelhaken detlef von _liliencron_ an der oberrather an die endneunziger in berlin erinnert, als ich für eine kurze zeit eine liliencron+goethe-phase hatte: ich las detlefs moderne lyrik und das wort _"modern"_ in johanns faust, beides war eine offenbarung wie alles, was man im richtigen moment verschlingt. Im kombipack mit den dichtern im umfeld der nordparksiedlung (_nelly sachs_, _novalis_, _droste-hülshoff_, _hölderlin_ und _heym_, um nur einige zu nennen) empfinde ich die stadt nun doch als dichterisch, obwohl mich der mehrfache _rilke_ im umland nervt. 6 orte haben ihren rilke als straße, _heine_ ist nur halb so oft vertreten, iwan goll gibts gar nicht und um _rose ausländer_ wird ja immer noch gekämpft. Der wissensdurst ist damit eigentlich für heute vorläufig gesättigt, aber dann kehrt mein blick nochmal nach osten zurück und bemerkt weiter südlich das mettmanner malerviertel mit august-macke, max-ernst, emil-nolde, gabriele-münter, otto-dix und paul-klee straßen am käthe-kollwitz-ring – wahnsinn, was düsseldorf alles nicht bietet, lässt sich auf dem großen, geduldigen amtsplan trotzdem dingfest machen! **Nietzsche zwar knapp, aber er ist noch ganz drauf, immerhin liegt der planquadrat 6581 in der östlichsten reihe gleich hinter hubbelrath, dessen stadtteilgrenzen so wirken, als sei es ein stier, der nietzsche gleich frißt! Dort hat er bis heute klammheimlich auf meine entdeckung gewartet, jetzt ist er mit leibzig, kant und dem FICHTEWEG rosa leuchtend markiert wie die restlichen themensiedlungen. Fichte, ja, auch den fichte ham wa nun im gepäck, wenn nicht downtown, dann eben sonstwo im rheinruhr-nrw-pflichtfahrgebiet, mir doch egal, ich fahr überall hin, sagte doch auch robert de niro als TAXI DRIVER,** allerdings habe ich keine schlafstörung, nur selbstverschuldeten mangel, bis alles überstanden ist. Ich wünsche mir einen fahrgast zur martin-buber in monheim! Jetzt gehe ich raus, um in nächster nähe das _"knuppertzbrück"_ im stadtteil gerresheim hinter der grenze von vennhausen zu inspizieren, ein völlig anderer themenkreis: wie fahrziele im volksmund oft heißen, selbst wenn institutionen schon lange verschwunden sind oder umbenannt wurden, wie beispielsweise die arenastraße mit ihren wechselnden sponsoren im 5jahrestakt... [-drei stunden später-] Aufgrund der fortgeschrittenen dämmerung bin ich

nicht bis zur "alten insel" an der glashütten gelaufen, sondern direkt hinter dem kultur-
bahnhof in den "eller kamp" eingebogen, um den bahnübergang "am hackenbruch"
anzuschauen, wo das skandalöse unglück mit den beiden güterzügen und dem schul-
bus im dezember passierte. Die verschneiten reste der zertrümmerten gartenlaube sind
immer noch neben der schienentrasse erkennbar. Der rückweg über die zeppelinstraße
ergab einen runden spaziergang, genug sauerstoff, um in die nacht hinein weiter zu
lernen...

VIDEO @ *https://www.youtube.com/watch?v=oYbn-HOR_AI*

NIETZSCHEPLATZ

22.Freifahren 31.1.2013
(NELKEN, NIXEN, NIETZSCHE UND NEANDER)

ALLE NIXEN SIND GRÜN UND ESSEN NUR GLÜCKSBURGER !!! WENN EIN FAHRGAST IN DIE DÜSSELDORFER WILL, FRAG ICH IHN ERSTMAL WELCHE: UNSERE EIGENE DÜSSELDORFER STRAßE IM BEZIRK 4 DES WESTLICHEN STADTTEILS NUMMER 41 **OBERKASSEL** LIEGT ZWISCHEN DEM KAISER-WILHELM-RING UND DER PARISER STRAßE, ABER DANN GIBTS NOCH NEUN WEITERE IM UMLAND, DIE DA WÄREN: EINERSEITS DIE DÜSSELDORFER IN **NEUSS** ERREICHBAR ÜBER DIE BURGUNDER RUNTER DURCH HEERDT, DESWEITEREN DIE DÜSSELDORFER IN **MEERBUSCH** ÜBER DIE KREFELDER EBENFALLS DURCH HEERDT, ABER NORDWESTLICH RAUS, DANN DIE DÜSSELDORFER IN **RATINGEN** ÜBER DIE REICHSWALD-ALLEE DURCH RATH, DIE DÜSSELDORFER IN **METTMANN** ÜBER DIE BERGISCHE LANDSTRAßE DURCH HUBBELRATH, DIE DÜSSELDORFER IN **ERKRATH** ÜBER DIE MORPER DURCH GERRES-HEIM, DIE DÜSSELDORFER IN **HILDEN** ÜBER DIE HILDENER DURCH BENRATH, DIE DÜSSEL-DORFER IN **LANGENFELD** ÜBER DIE FRANKFURTER DURCH HELLERHOF, DIE DÜSSELDORFER IN **DORMAGEN** DURCH FLEHE ÜBER DIE FLEHER BRÜCKE DURCH NEUSS UND DANN NOCH DIE DÜSSELDORFER LANDSTRAßE IN **DUISBURG** ÜBER DIE DUISBURGER LANDSTRAßE DURCH WITTLAER. JE NACHDEM, WO MEIN FAHRGAST JETZT EINSTEIGT, KÖNNTE ER EINE DER VIELEN DÜSSELDORFER AUßERHALB VON DÜSSELDORF MEINEN. NOCH SCHWIERIGER WIRDS ALLERDINGS BEI JENEN STRAßEN, DEREN NAMEN SO ÄHNLICH KLINGEN, DAß EINE VERWECHSLUNG LEICHT PASSIEREN KANN. BEI DER ADERS- UND DER ADLERSTRAßE ANGEFANGEN, ABER AUCH DIE BOCKUMER UND DIE BOCHUMER, DIE CECILIENALLEE IN GOLZHEIM ODER DIE CÄCILIENSTRAßE IN BENRATH, DAS DREIECK AN DER MÜNSTER ODER DIE DREIECKSTRAßE ZWISCHEN MINTROP- UND LESSINGPLATZ, WO AUCH DIE QUER AUF ANDERE LINIEN TRIFFT, ABER WEDER DIE QUIRIN NOCH DIE SCHWERIN, UND **DIE SCHÖNE AUSSICHT GIBTS SOWOHL IN BENRATH AN DER BONNER (QUER DURCH DEN SCHLOSS-PARK KOBLENZER LUFTLINIE) ALS AUCH AUF DEM WEG INS TAL DES HERRN NEANDER HINTER ERKRATH**, ABER WEDER AN DER BONNER NOCH KOBLENZER IN UEDESHEIM. ACH JA, DIE DÜSSELSTRAßE LIEGT ÜBRIGENS AM FRIEDENSPLÄTZCHEN, SEHR ROMANTISCH AN WARMEN TAGEN, ABER NICHT DAS DÜSSELKÄMPCHEN BEI KÜHLWETTER AM ZOO, DEN ES NICHT GIBT. ZWISCHEN DER KRIPP UND DER KRIBBEN LIEGT DIE GESAMTE STADTMITTE, ZWISCHEN ST.GÖRES UND DER GÖRRES SOGAR DIE GANZE STADT. DER KIEFERNWEG IST ALLES ANDERE ALS DIE LEGENDÄRE KIEFERNSTRAßE. DER SANDWEG IST WEDER DER SANDSTEIG NOCH DIE SANDSTRAßE, DER SANDTRÄGERWEG ODER DER HOHENSANDWEG ODER AM SANDACKER ODER GAR DER HEERDTER SANDBERG GESCHWEIGE DENN DER METTMANNER SANDMÄNNCHENWEG SÜDLICH VON DER EINZIGEN **NIETZSCHESTRAßE** WEIT UND BREIT. DIE MORPERSTRAßE LIEGT WOANDERS ALS DER DORPER WEG, DIE BEIDEN HELLERHOFER UND MONHEIMER BERTHA-VON-SUTTNER-STRAßEN LIEGEN NICHT AM BERTHA-VON-SUTTNER-PLATZ HINTERM HAUPTBAHNHOF. **AUF DER KÖLNER STRAßE WIRD GERN EINGEKAUFT, AM KÖLNER WEG DAGEGEN STEHT AM FELDESRAND DIE BERÜHMTE HIMMELGEISTER KASTANIE, DEREN ÄSTE SICH GENAU GENOMMEN SCHON GANZ KNAPP HINTER DER STADTTEILGRENZE IM ITTER JÜCHTWIND WIEGEN**, WO STACHELDRAHTZÄUNE NICHT WIE IN URDENBACH BEI STURM _UNTER_[1] STROM STEHEN, WAS WOHL SCHOPEN-HAUER ZIEMLICH EGAL WÄRE, SOWOHL IN MÖRSENBROICH ALS AUCH IN MONHEIM. WO

WIR GERADE BEI DEN DENKERN SIND: DER DICHTER LILIENCRON –NUR NEBENBEI ERWÄHNT– FLANIERT GERN ZU DEN EICHEN IN DER LILIENTHAL, WENN ER AN LILIEN DENKT, UND MANCHMAL ÜBER DIE ACKER ODER DEN KAMPER ACKER ODER ÜBER DEN KAMPER WEG ZUM ELLER KAMP (HOFFENTLICH ÜBERFÄHRT IHN DORT KEIN GÜTERZUG). DER POSTMODERNISTISCH AUFERSTANDENE **PAUL KLEE KÖNNTE DANN AUF SEINEM EIGENEN PLATZ ODER IN SEINEM WOHNWEG AM KITTELBACH** DAS HORRORSZENARIO MIT GOLD-LACK MALEN, WÄHREND DER GOLDREGEN ZWEIMAL AUF DEN STEIN (NEIN, NICHT IN DER STEIN) NEBEN IHN PLÄTSCHERT, WAS SOWOHL AUF DOHLEN ALS AUCH EINE *FREIE*² DROSSEL DERMASSEN IRRITIEREND WIRKT, DASS SIE VON DER NECKAR IN UNTERBILK BIS AN DIE NECKAR NACH METTMANN FLIEGEN, UM AUF DEM DORTIGEN SÜDRING EINE AUS-FAHRT NACH BILK ZU SUCHEN, BEVOR SIE AM GRÜNEWALD UNTER DEN (NEUNZIG) EICHEN EINEN DREHER IN DIE GRÜNEWALD ZUR ZWISCHENLANDUNG ANSETZEN (DAS KRANKEN-HAUS UND DEN JAPANISCHEN GARTEN NUR KNAPP VERFEHLT) ANSTATT AUF DEM HOLZ-WEG IM BAUMBERG ZU LANDEN, DER KEINE HOLZSTRASSE IST, WÄHREND DIE LIEBFRAUEN NUR TELEPATHISCH AM FRAUENLOBWEG VERGEBLICH AUF **NELLY SACHS AUS STOCKUM ODER IHRE DOPPELGÄNGERIN AUS MONHEIM** WARTEN. WELCH EIN CHAOS, DIE STADT SPIELT VERRÜCKT! DOPPELGÄNGER, WIDERGÄNGER UND WIDERSTANDSKÄMPFER: ALLE SIND SIE MEHRFACH GUT VERTEILT, DOCH NIEMAND HAT NEANDER GEFRAGT, OB ER WIRKLICH IN ERKRATH GEKLONT WERDEN WILL. DIE BEETHOVEN (NICHT DIE EHEFRAU DES KOMPONISTEN SONDERN SEIN SYNÄSTHETISCHES SPIEGELBILD) LEISTET IHM VERSPÄTET GESELLSCHAFT, GEMEINSAM ERKUNDEN SIE DEN TIEFENBROICHER, DANN DEN LICHTEN-BROICHER WEG, KOMPONIEREN IN DER SONNENSTRASSE UND VOLLENDEN IHRE WERKE NACH EINEM UMWEG ÜBER DIE REISHOLZER AM SONNENPLATZ, BIS SIE SICH DAZU DURCHRINGEN, AUF DER REISHOLZER WERFT UM GELD ZU BETTELN, DAS SIE ZUM ANKAUF VON NEUEN MÖBELN HINTER DER REISHOLZER BAHN BENÖTIGEN. DAS LETZTE WECHSEL-GELD WAR EIGENTLICH FÜR EIN KÜHLES BIER AUF DER RATINGER VORGESEHEN, DOCH DORT ERWARTET SIE NATÜRLICH NIETZSCHE UND ERZÄHLT IHNEN DREIMAL DENSELBEN NIHILISTISCHEN MÄRCHENMIX AUS SCHNEEWITTCHEN & ROTKÄPPCHEN (ZWEI VERSIONEN STAMMEN AUS ZONS UND FLINGERN NORD), WAS DIE BEIDEN FRÖMMELNDEN MÄNNER SEELISCH BELASTET, WESHALB SIE SCHLIESSLICH ZIEMLICH ORIENTIERUNGSLOS DARÜBER DISKUTIEREN, OB SIE UND WOHIN SIE FLÜCHTEN SOLLEN: ZUM UNTERTUNNELTEN CORNELIUSPLATZ, OBWOHL DAS KLEINGELD NICHT ZUM SHOPPEN REICHT, ODER ZUM COMENIUSPLATZ, WO IHNEN AUSGERECHNET SCHORLEMER DEN WEG ZUR FERNÖST-LICHEN WEISHEIT ZEIGEN WÜRDE. UNTERWEGS WÄRE EIN ABSTECHER ZU ERNST POENSGEN ODER ANDEREN MÄZENEN DENKBAR, DIE VIELLEICHT EINE FINANZSPRITZE FÜR DIE GENIES GEWÄHREN, INSOFERN SIE NICHT VON GUSTAV POENSGEN UM DEN BLOCK GEPEITSCHT WERDEN, BIS SICH EIN PASSENDES STELLENANGEBOT FINDET, UM NICHT MEHR AUF KÜNSTLERISCHE HÖHENFLÜGE ANGEWIESEN ZU SEIN. DIE BEIDEN VERLAUFEN SICH ALLERDINGS AN DER HOFERHOFSTRASSE LEICHT ANGETRUNKEN NACH DEM KLINKENPUT-ZEN, REITEN DESHALB LIEBER ZU ROSS ZWISCHEN TANNEN HINDURCH ZUM JÄGERHOF, ABER FINDEN DEN JÄGER DORT NICHT MEHR IN SEINEM HOFGARTEN, DENN DER HAT SICH BEI EINEM REITTURNIER AM TANNENHOF EINEN HACKENBRUCH ZUGEZOGEN UND WURDE VON DER FEUERWEHR HINTER DER HÖHERHOF LAUT GERÜCHT MIT ALTPAPIER VERARZTET, DAS EIGENTLICH FÜR NEUE BÜCHER VON INGEBORG BACHMANN AM HELLERHOFWEG GEBRAUCHT WIRD. DIE BEIDEN "NICHTS" AHNENDEN KOMPONISTEN FAHNDEN JEDEN-FALLS MANGELS GENAUERER ORTSKENNTNIS VERGEBLICH ZWISCHEN HÖHERWEG UND

HELLERWEG IM FALSCHEN MÜLL NACH IHM UND FAHREN ERSTMAL VÖLLIG ENTNERVT MIT EINEM PORSCHE ZUM POLITISCHEN FORTUNASPIEL *"FÜR DEN FRIEDEN"* AUF FREIER FLUR ZWISCHEN BIRKEN UND PLATANEN. UM HERAUS ZU FINDEN, WOHER DIE BLUMEN DER GERRESHEIMER UND VENNHAUSER BÜRGER FÜR DEN SIEGER STAMMEN, LASSEN SIE DEN GROßEN DICHTER RILKE SECHSMAL ÜBER FUNK AUSRUFEN (DENN UNSER BELIEBTESTER ZWANGSNEUROTIKER VERSTECKT SICH ZUNÄCHST IN DER STOCKUMER MESSE), WEIL JA SO EIN DICHTER WISSEN MÜSSTE, WO MAN LANGLEBIGE SCHNITTBLUMEN WIE TULPEN UND ROSEN ABSEITS DES *STADTMITTELPUNKTES*[3] (UND NICHT ZUR HOCHZEITSMUSIK VON MOZART IM GARTEN DER KAISER GEZÜCHTETE ROSEN IM *DOPPELPACK*[4]) KAUFEN KANN, OHNE GLEICH NACH MEERBUSCH ODER METTMANN ZU FAHREN (– KLAR, DA KRIEGST DU AN DER FLORA WIRKLICH ALLE SORTEN, TJA, BEI UNS *"NUR"* PALMEN UND ANSONSTEN KRONEN MIT HEILKRÄFTEN BEIM KOLLEGEN BACH NICHT NUR FÜR KRONPRINZEN –) ODER GAR DEN SCHNELLEN ABER LANGEN S-BAHN-WEG ZU DEN BLUMEN AN DEN LINDEN FÜR SPEZIELLE ROSEN HOCH NACH ANGERMUND ZU RISKIEREN (NEIN, NICHT AN DER LINDE IM HERZEN VON HUBBELRATH!), WO DIE BEREITS ERWÄHNTE DROSSEL URLAUB MACHT. ABER SIE TREFFEN RILKE WEDER IN NEUSS-NORF, RATINGEN-LINTORF, ERKRATH-UNTERFELDHAUS, DORMAGEN-ZONS NOCH METTMANN-HASSEL ODER MEERBUSCH LANK-LATUM, WO DER EINE SCHLIEßLICH AM MÜHLENSEE NELKEN FÜR EIN RATINGER RENDEZ-VOUS AUF DEM ZEPPELINWEG BESORGT, WÄHREND DER ANDERE ES MIT DEN NELKEN VOM LIERENFELD VERSUCHT (AUF DEM AUCH [5a]*ÄHNLICHE* ANEMONEN UND [5b]*VOLLENDETE* VEILCHEN WIE IN METTMANN GEDEIHEN) UND DAMIT ZU FUß AN DER ZEPPELINSTRAßE VORBEI IN DEN ELLER SÜDEN LÄUFT, UM SICH **BEI NIETZSCHE AUF EINEM NAMENLOSEN PLATZ** ZU BEDAN- KEN. ABER DER IST SCHON MIT FICHTE, KANT UND LEIBNIZ LÄNGST ÜBER ALLE BERGE – UND FRÖHLICH QUAKEN DIE FRÖSCHE AM FROSCHENTEICH WIE [6]*KURZE* KOMPOSITIONEN VON ARNOLD SCHÖNBERG...

1) Stromstraße: an den Gehry-Gebäuden (Hafen); Sturmstraße: im Gurkenland (Eller)
2) Anspielung auf die Drosselstraße in der Vennhauser Siedlung Freiheit
3) die Blumenstraße mündet in der geografischen Mitte vor der Johanneskirche
4) an der Kaiserstraße biegen Rosenstraße & Rosengasse tatsächlich ineinander ein!
5) gemeint ist mit **a)** ähnlich: hier *"Weg"* und dort *"Straße"*,
　　 mit **b)** vollendet: beides sind *"Wege"*
6) die Arnold-Schönberg und die Gustav-Mahler
　　 sind sehr kurze Straßen in Urdenbach an der Corelli

23.Freifahren 3.+4.2.2013
(DAS DOPPELTE IM DREIECK DENKEN)

3.2. ~ Nicht das sogenannte *"heerdter dreieck"* (5177: brüsseler/rheinalleetunnel) am neuen ferdinand-braun-platz sondern das *"dreieck"* an der münsterstraße (pempelfort 5478, grob: 5 straßen zwischen kolpingplatz & münsterplatz): **collenbach blücher nord münster pfalz** collenbach blücher nord münster pfalz collenbach blücher nord münster pfalz collenbach blücher nord münster pfalz collenbach blücher nord münster pfalz...
Münster: moltke (pempelfort) ulmen (derendorf) mercedes (düsseltal) vogelsanger weg (mörsenbroich) westfalen (rath) moltke (pempelfort) ulmen (derendorf) mercedes (düsseltal) vogelsanger weg (mörsenbroich) westfalen (rath) moltke (pempelfort) ulmen (derendorf) mercedes (düsseltal) vogelsanger weg (mörsenbroich) westfalen (rath) moltke (pempelfort) ulmen (derendorf) mercedes (düsseltal) vogelsanger weg (mörsenbroich) westfalen (rath) moltke (pempelfort) ulmen (derendorf) mercedes (düsseltal) vogelsanger weg (mörsenbroich) westfalen (rath)... **Moltke** (pempelfort): münster euler prinz-georg bagel münster euler prinz-georg bagel münster euler prinz-georg bagel münster euler prinz-georg bagel... **Roß** (golzheim/derendorf bis pempelfort): johann kennedydamm jülicher klever bis münster/moltke johann kennedydamm jülicher klever bis münster/moltke johann kennedydamm jülicher klever bis münster/moltke johann kennedydamm jülicher klever bis münster/moltke... **Kaiserswerther** (stockum, golzheim, pempelfort): stockumer kirch kennedydamm klever (golzheim/pempelfort) nord stockumer kirch kennedydamm klever (golzheim/pempelfort) nord stockumer kirch kennedydamm klever (golzheim/pempelfort) nord stockumer kirch kennedydamm klever (golzheim/pempelfort) nord... **Pempelforter** (pempelfort): am wehrhahn vagedes adler rochus am wehrhahn vagedes adler rochus am wehrhahn vagedes adler rochus am wehrhahn vagedes adler rochus... **Duisburger** (pempelfort): venloer nord vagedes jägerhof venloer nord vagedes jägerhof venloer nord vagedes jägerhof venloer nord vagedes jägerhof... **Graf-adolf** (friedrichstadt+ stadtmitte): breite friedrich bismarck konrad-adenauer breite friedrich bismarck konrad-adenauer... **Fürstenwall** (grob: von mosel bis morse = unterbilk+friedrichstadt): neusser kronen cornelius pionier neusser kronen cornelius pionier neusser kronen cornelius pionier... **Karl-geusen** (oberbilk, lierenfeld, eller): kölner seeheimer kuthsweg klein-eller kölner seeheimer kuthsweg klein-eller kölner seeheimer kuthsweg klein-eller kölner seeheimer kuthsweg klein-eller... **Oberbilker allee** (friedrichstadt, bilk, oberbilk): cornelius morse (-) krupp kölner cornelius morse (-) krupp kölner cornelius morse (-) krupp kölner cornelius morse (-) krupp kölner... **Bilker allee** (unterbilk+friedrichstadt): neusser kronprinzen friedrich cornelius neusser kronprinzen friedrich cornelius neusser kronprinzen friedrich cornelius neusser kronprinzen friedrich cornelius... **Berliner allee** (stadtmitte+ friedrichstadt): schadow stein stresemann hütten schadow stein stresemann hütten schadow stein stresemann hütten schadow stein stresemann hütten... **das dreieck:** collenbach blücher nord münster pfalz collenbach blücher nord münster pfalz collenbach blücher nord münster pfalz collenbach blücher nord münster pfalz collenbach blücher nord münster pfalz collenbach blücher nord münster pfalz collenbach blücher nord münster pfalz collenbach blücher nord münster pfalz collenbach blücher nord

münster pfalz collenbach blücher nord münster pfalz... <u>die große zeit der zeitlosen momente ist / die geschichte der geschichte nach der rente / über jedem handgriff in der jugend / lag ein feuchter hauch von ewigkeit / die harten fakten war ich damals leid / noch spüre ich den geist auf meiner zunge / doch atmet schon das andere in meiner lunge / dieses leben in normalen einkaufsbahnen / konnte ich vor jahren nichtmal ahnen nur / die liebe hatte für die seele ein gewicht / jetzt denke ich an dich erst nach der schicht / die dinge haben plötzlich einen namen / und zerfließen nur in ihrem eignen rahmen / die gespräche kreisen nur um das gespräch / denn das erlebte hat ein klares ende / ja die zeit der zeitlosen momente ist / im unsichtbaren lauf der zeit vergangen / niemand fordert tieferes verlangen / du und ich wir haben uns / im netz der welt verfangen //</u> Der worringer platz in stadtmitte ist der platz mit den 5 "K"-straßen: acKer, erKrather, Kölner, Karl und Kloster. Dann gibt es die stauffenberg in monheim-hamberg, die graf-von-stauffenberg direkt dadrüber in düsseldorf-hellerhof, daneben wiedenhofen, aber sein kollege karl müller (die beiden anwälte der befreiungsgruppe) ganz woanders hoch zum hanielpark in düsseltal, und nicht zu verwechseln mit der erich-müller an der benrather schloßallee ecke börchem und der peter-müller mit seinem kreiselverkehr in den terminalring ganz oben in der airport-city... Unzählige hoteladressen nachträglich in nur 2 tagen eingepfiffen, langsam hol ich auf, doch die wiederholung aller plätze nach nur 1 woche pause zeigt: in viele plätze hat mein hirn schon wieder stumme löcher gefräst, sehr deprimierend! Ich vertausche die akustische reihenfolge der straßen nochmals, um sie leichter abzuspeichern – **wie ein gebet ist die devise: elegant und flüssig ineinander übergleitend ist das optimalste**, wie z.b. carlsplatz = 3 B für benrather, berger und bilker, dann kommt die mittel und die hohe leichter hinterher. die zeit zerrinnt mir zwischen den fingern, ich versuche alle prüfungsstrecken einigermaßen auswendig zu lernen. Manche liegen auf der hand, doch andere sind lang und sehr speziell. Ich habe angst, es nicht zu schaffen, so viel stoff noch kurz vor schluß in meinen kopf zu hämmern. Eigentlich ist alles wiederholung, alles wurde schon im kurs geübt. Die masse ist es, die erdrückt, und das gefühl, daß hinter jedem platz noch eine weitere vernetzungslücke lauert. Irgendwie stellt sich noch kein vertrauen ein in diese fähigkeit, mir den verlauf der straßen NAHTLOS VORZUSTELLEN, ohne die ich aufgeschmissen bin. Ich schreibe alle strecken nochmal sauber mit der hand auf neue blätter und sobald mir eine straße seltsam vorkommt, schaue ich sofort im stadtplan nach. **BERUHIGEND, daß sich alles SEHEN lässt, die stadt hat keine logistischen geheimnisse wie manche philosophischen fragen, die man stellen, drehen und wenden kann, wie man will, und doch keine lösung findet.** Auf dem stadtplan ist so ziemlich alles zu erkennen, der verkehr hat seine logik, und wo keine logik waltet, da sind eben einbahnstraßen, poller oder GROßBAUSTELLEN. Auch das chaos hat dort eine logik – interim adé, nordwest ahoi, und irgendwie in die gesperrte deckelzufahrt am werstener kreuz, bevor ichs bereu...

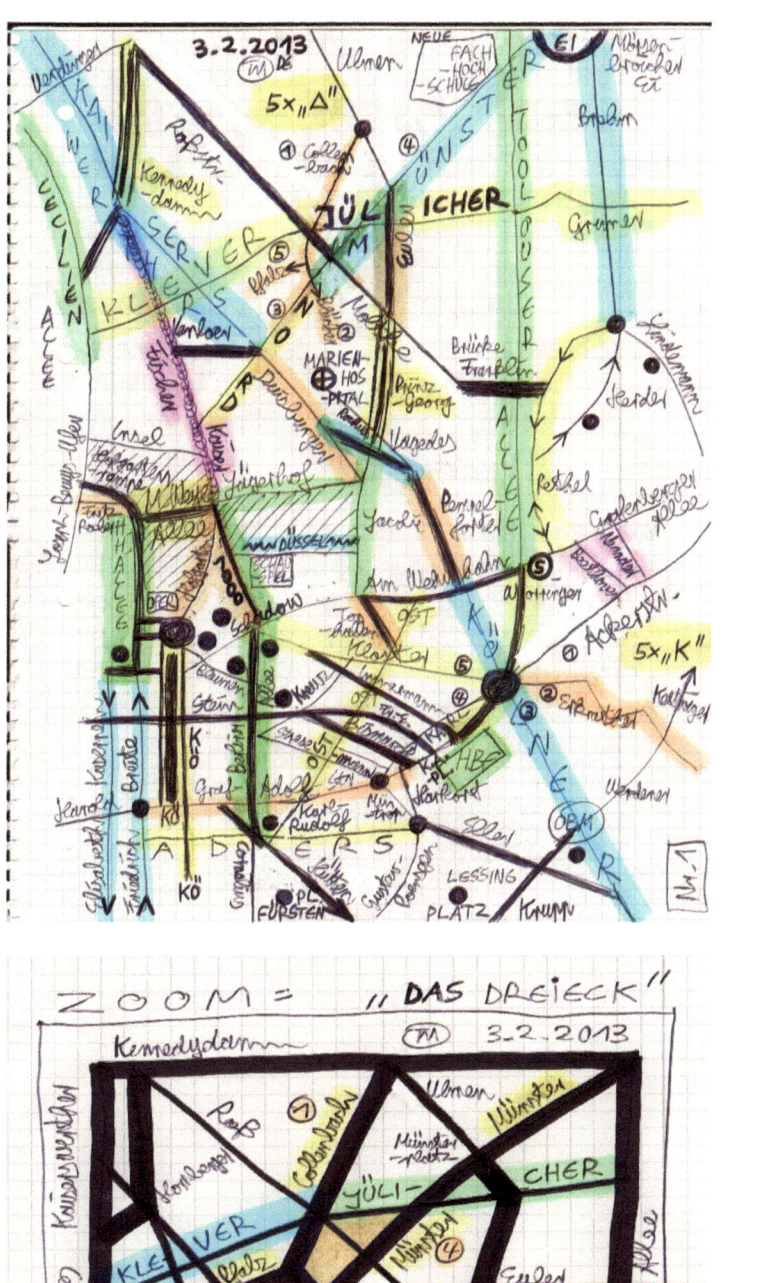

<u>ENTROPISCHE EUTOPIE</u>
(KRITIK DER STAUBTROCKENEN BANALITÄT)

Die große zeit der zeitlosen momente ist
die geschichte der geschichte nach der rente
über jedem handgriff in der jugend
lag ein feuchter hauch von ewigkeit
die harten fakten war ich damals leid
noch spüre ich den geist auf meiner zunge
doch atmet schon das andere in meiner lunge
dieses leben in normalen einkaufsbahnen
konnte ich vor jahren nichtmal ahnen nur
die liebe hatte für die seele ein gewicht
jetzt denke ich an dich erst nach der schicht
die dinge haben plötzlich einen namen
und zerfließen nur in ihrem eignen rahmen
die gespräche kreisen nur um das gespräch
denn das erlebte hat ein klares ende
ja die zeit der zeitlosen momente ist
im unsichtbaren lauf der zeit vergangen
niemand fordert tieferes verlangen
du und ich wir haben uns
im netz der welt verfangen.

24.Freifahren 8.+9.2.2013
(VERLAUFEN & VERLAUFEN)

8.2. ~ Am krummenweg in lörick ist wirklich krumm, aber am krummenweg vor ratingen-breitscheid macht nur eine kleine krümmung vor dem kreisel richtung hugenpoet. Der oleanderweg befindet sich in unterbach, doch die solenanderstraße am moorenplatz. Die wittenbruch hinterm oleanderweg, die wildenbruch unterm drakeplatz in oberkassel. Zwei ganz andere ähnlichkeiten bemerke ich an der s6: die henkel einerseits, sie reicht mit unterbrechung (werksgelände) von holthausen über reisholz bis nach hassels, weil sie unter der bahnbrücke bis zur kreuzung mit der spanger, further, altenbrück hindurch geht. Andrerseits die eller, die nur scheinbar an der brücke noch in oberbilk verschwindet, aber dann zwei autolängen wieder in stadtmitte und sogar in friedrichstadt auftaucht, weil deren stadtteilgrenzen in der mitte von der ellerstraße bis zum kreuzungskiosk mintropplatz verlaufen...

9.2. ~ Heute hat mein vater geburtstag und ich konnte nichts weiter tun, als auf dem hinweg zum kurs heute morgen ganz früh eine sms aus der sbahn zu schicken, um wenigstens als erster virtuell zu gratulieren. Wie sehr ich mich doch darauf freue, meine eltern bald wieder einmal besuchen zu können. Ein ganz neues problem taucht beim lernen jetzt auf: das nicht LOSLASSEN können vom üben, wenn alles "sitzt", weil ich kein **urvertrauen in mein gedächtnis** entwickeln konnte, tatü tata, das war ja klar, die typische "akausale synchronizität" bei essenziellen offenbarungen, gemeint ist: ein blaulicht rauscht in derselben sekunde vorbei, als ich den entscheidenden gedanken formuliere, der rechenschaft über eine fundamentale erkenntnis ablegt. Derlei erkenntnisse können philosophischer, religiöser, mystischer und individualpsychologischer natur sein: das tatü tata ist immer nah, und zwar schnurzpiepegal, wo du wohnst, was umso unheimlicher anmutet, wenn man wirklich nie im leben mit einer polizeisirene rechnen würde, wie z.b. auf dem land oder irgendwo fernab jeder zivilisation, keine ahnung, sonstwo, aber ein tatü tata gibts überall im richtigen augenblick, und sei es aus einem kinderspielzeug oder aus dem fernsehkrimi. Achte mal drauf, auch UMGEKEHRT, und du wirst merken: ups, ich hatte grad einen entscheidenden gedanken über mein oder das leben im allgemeinen. Wäre das tatü tata nicht zu meinen ohren gedrungen, hätte ich den gedanken nicht bemerkt, denn viele wichtige gedanken rauschen einfach nur im hintergrund vorbei. **Der kopf ist wie ein einziges mehrdimensionales hinterzimmerkino, aber wir sind meist nur auf die bildfläche vor der tür oder an der bar programmiert, die sogenannten "bargespräche", das große blabla der selbstdarstellung und vertuschung, SELBSTVERTUSCHUNG, während diese echten filme im verborgenen ablaufen.** Sie ganz plötzlich zu bemerken und dann HINZUSCHAUEN, so als wären es tagträume, in denen man tagsüber parallel zum wachbewußtsein genauso real durch die symbolgeschwängerte traumlandschaft wandelt, ist eine kunst der emotionalen entschlüsselung, die geübt werden kann, und kein übernatürliches privileg von "begabten". Die tagträume sind bilderfluten und tiefengedanken, die uns mit arationalen auskünften über unser tieferes wesen überschütten, unsere eigentliche befindlichkeit und sogar über das sein als solches, so daß man im besten fall eine art weisheit zu schnuppern bekommt, die man normalerweise als banalität überhört hätte. **Ja, viele lebenswichtige gedanken kommen im gewand von normalen, allzu normalen formulierungen (quasi in freizeitver- kleidung) daher und werden darum leicht unterschätzt, weshalb man in psychothera- peutischen kontexten zunächst einmal lernt, diese ureigenen satzkaskaden als ursätze und grundsätze der eigenen tiefennatur ernst zu nehmen, ganz gleich, wie bescheuert sie klingen, wie nebensächlich, unlogisch und langweilig.** Bei wirklich genauerem hinsehen entpuppen sie ihre spektakuläre sprengkraft und helfen dir, dich ganz persön- lich auf einer anderen ebene sicher, geborgen und "wissend" zu fühlen, wo bisher nur chaos und sumpf dominierten. Na, da habe ich jetzt aber weit ausgeholt, wo ich doch nur von der schwierigkeit sprechen wollte, vom auswendiglernen loszulassen, weil alles gespeichert ist. Hätte vor zwei jahren jemand behauptet, ich würde überhaupt einmal doch wieder in der lage sein, so viele detailinformationen (in noch dazu so kurzer zeit) aufzunehmen, ich hätte es niemals für möglich gehalten, denn mein gedächtnis war zu jenem zeitpunkt noch eine einzige hochbunkerruine aufgrund der somatoformen schmerzsymptome! Allmählich verwandelt sich das unerwartete speichervolumen in eine gemütliche villa mit swimmingpool und garten. Nur ein noch unaufgeräumter kellerraum muß endlich ausgemistet und neusortiert werden, ich bin mittendrin und versuche, den angesammelten schrott von noch unausgepackten nagelneuen dingen zu trennen, die endlich ins wohnzimmer gehören. Weder ins finanzamt NORD (roßstr golzheim nahe der synagoge zietenstr), finanzamt SÜD & MITTE (kruppstr oberbilk nahe s-bhf volksgarten), finanzamt ALTSTADT (kaiserstr pempelfort um die ecke vom minis- terium) oder finanzamt METTMANN (harkortstr stadtmitte), noch vors finanzGERICHT (ludwig-erhard-allee oberbilk am hauptbhf ost, hinterausgang bertha-von-suttner-platz) oder ins finanzMINISTERIUM (jägerhofstr pempelfort) oder gar justizministerium (martin- luther-platz ecke josephinenstr stadtmitte am geografischen stadtmittelpunkt) geschweige denn ins innenmysterium...

VIDEO: "Freudentaumel nach bestandener Prüfung zum Rheintaxi- Chauffeur am 13.2.2013 bei Taxigenossenschaft" =>

@ https://www.youtube.com/watch?v=Q3erOha- Peo&list=PLkMgIITA2PugPzYlWzC5Z2cuHM1SAovhr&index=1

25.Freifahren 20.+23.2.2013
(MITTWOCHS, MERZ & METAJOB)

20.2. ~ Bin noch leicht gerädert vom schlafdefizit der letzten lernphase vor den beiden prüfungen, die ich letzte woche mittwoch (ortskunde bei der genossenschaft) und samstag (firmenintern) BEIDE im ersten anlauf BESTANDEN habe, juchuh!!! Puh, das war knapp, denn fast wäre ich nicht mit dem gesamten stoff durchgekommen, das wirklich tiefgehende (emotional & visuell verankerte) wiederholen verschlingt unmengen zeit und ich krieg einfach keinerlei information nur plakativ abstrakt in den schädel, ich brauche die adrenalinanker, um miteinander gekoppelte daten gekoppelt abzurufen. Solange mir keine geeignete assoziation in den sinn kommt, hakt die information nirgendwo ein, setzt sich nicht fest, brennt sich nicht in das gedächtnis ein, sondern schwebt trocken und tiefgefroren im leeren raum. **Jetzt muß ich noch einige formalitäten erledigen, bin auf dem sprung zum straßenverkehrsamt, um den personenbeförderungsschein abzuholen, der dort inzwischen eigentlich bereit liegen sollte. In den nächsten tagen dann zu meinem zukünftigen arbeitgeber, um meine vorläufige arbeitsplatzgarantie in einen echten unbefristeten vertrag umzuwandeln und eine einweisung in den mercedes E klasse zu erhalten.** Da ich mit dem etwas seltsamen service der sparkasse schon seit geraumer zeit unzufrieden bin (ich bevorzuge persönliche, individuell entautomatisierte methoden nach dem menschlichen motto "*kulanz statt ignoranz*"), habe ich nun ein gehaltsgiro bei der comMERZbank auf der königsallee eröffnet und einen sehr netten berater...

23.2. ~ Ich bin froh, zu dem menschenschlag zu gehören, der im normalen alltagstrott nicht vergisst, wie tief und geheimnisvoll die pure existenz des seins an sich ist, und der nicht beim arbeiten vergisst, daß alle materie im innersten hohl ist, obwohl sie sich an den händen hart anfühlt, weil die hände selbst aus dem stoff sind, den sie anfassen, und ANFASSEN ein interaktiver, gegenseitiger wahrnehmungsprozess ist, bei dem beide seiten auf ihrer gemeinsamen ebene miteinander in einen AUSTAUSCH geraten, bei dem lediglich das wahrgenommen, also sinnlich berührt wird, das sich auf derselben ebene befindet, für die beide seiten denselben sinn entwickelt haben. Ich weiß, daß ein auto aus gummi, benzin, plastik, metall, öl und daraus hervorgehenden geräuschen besteht, während mein körper aus fleisch und daraus hervorgehenden gedanken gemacht ist, und daß beides demselben kosmischen staub entspringt. Und ich weiß, daß die überschaubare bewegung durch das raumzeitkontinuum aus der erstaunlichen fähigkeit meines gehirns resultiert, das sich permanent verändernde chaos der herum- wirbelnden quantensuppe strukturell zu sortieren und als voneinander getrennte objekte und systeme zu begreifen. **Noch etwas fasziniert mich konkret an der tätigkeit des chauffierens: ich produziere selbst keine waren, die konsumiert werden können, sondern unterstütze andere menschen darin, ihren job auszuüben, indem ich sie von a (wie abholsektor) nach z (wie zielsektor) transportiere. Somit ist der taxismus ein metajob, dem die ruhe des nichtstuns genauso innewohnt wie die notwendigkeit der bewegung. Es gibt hierbei kein entweder-oder, taxieren ist ein sowohl in-sich-ruhen als auch aus-sich-heraus-gehen.** Ich selbst trage nur dazu bei, daß sich jemand anders bequemer von einem ort fortbewegt, an dem er genug getan hat, um ihn an einen anderen ort zu befördern, wo er aus seiner lebenslogik heraus den nächsten schritt tun kann. Durch die beförderung fördere ich einen externen prozess, an dem ich selbst nicht persönlich beteiligt bin, aber durch meine beförderung indirekt involviert werde. Ein solch postmoderner job ist ein metajob der "bewegung zur mehrbewegung" (sloterdijk), die sich als FÖRDERUNG DURCH BEFÖRDERUNG auszeichnet...

26.Freifahren 27.2.2013
(SALBEI, SALMIAK & SCHWIT-ZEN)

Jetzt hat mich die grippe doch noch mit einiger verzögerung über nacht richtig erwischt und ich liege seit heute früh schwitZENd im bett und starre schwindlige löcher an die decke, in die decke und durch die decke. Hallo welt, hier sind meine 5 hellen minuten, in denen ich einen klaren gedanken fasse, um gleich wieder unter dem kochtopfdeckel mit kochsalz & kamille zu verschwinden! Mein leben besteht grade aus sinupret forte, salbeitee, salbeibonbons, bronchialtee, salmiakpastillen, neoangin, para-cetamol, tempos (aber sowas von soft & sicher) und delirischem schlaf mit verrückten träumen von gps-sektorzahlen und neonleuchtenden straßen. Gestern noch mit mei-nem vater trotz leichter erkältung auf testfahrt vom benrather krankenhaus zum schloss hugenpoet (leider kam der legendäre ESEL erst gestern aus dem urlaub und hatte noch nichts zu essen), über die breidscheidter blutspendezentrale mit mittagessen AN DER PÖNT und zurück zum noch namenlosen flughafen quer durch die airport city, danach einen abstecher zur KLINKE (aber nur von außen) und nochmal zum flughafen zurück, um durch den A44er-tunnel richtung messe zu düsen und durch die stadt über die danziger, kennedydamm, fischer, venloer, duisburger, anlieger frei in dem schiefen ende, deshalb über vagedes, prinz-georg rechts ab, eine sightseeing-tour der besonderen art. **Letzter blick auf den verlassenen tausendfüßler, dann rüber zum belsenplatz und zurück über die rheinkniebrücke, wieder rein in das baustellenchaos der berliner allee am jan-wellem-platz, der berufsverkehr hält sich in grenzen, nochmal diesen brüchigen tausendfüßler ganz aus der nähe mit orangen arbeitern, die den beton abmontieren, und dann die entdeckung, eine kleine sensation für den anfänger auf seiner suche nach der kürzesten toproute in richtung eller süd über lierenfeld: die gerresheimer und mettmanner, um in die erkrather zu kommen, ohne den worringer platz anzufahren – genial, luftlinie! Ich bin begeistert und überrascht, denn auf dem plan wirken die beiden doch etwas verzwickt mikrig unspektakulär im vergleich zur kölner am wehrhahn, da sieht man den unterschied zwischen theorie und praxis!** Ach, das war gut, endlich einmal auf der piste zu sein, wenigstens schonmal zur probe, um ein entspannteres gutes gefühl für die erste schicht zu bekommen, ohne die panik, mich zu verfahren oder sonstwas idiotisches falsch zu machen. Apropos erste schicht: die sollte eigentlich samstag sein. Tja, daraus wird nix bei meinem plemplem-zustand und dem-entsprechend ist nun die vertragsunterzeichnung bei der zentrale verschoben und auch die einweisung ins auto natürlich. Mit etwas glück habe ich mich vielleicht schon bis sonntag soweit erholt, daß ich dann wenigstens montag beginnen kann. Dann würde ich glatt noch behaupten: i really DO LIKE mondays, aber das wird sich erst zeigen. Für heute genug blogmeldungen, der heiße dampf im alten kochtopf ist fertig durchgezogen, zeit zu inhalieren und wieder ins bett zu fallen. Ahoi! Helaaf! ICH LEBE NOCH...

27.Freifahren 4.-6.3.2013
(SCHWACH & SCHWINDLIG)

4.3. ~ Gestern dachte ich eigentlich, die grippe überstanden zu haben und heute loszulegen. Stattdessen blut im husten, schweißausbrüche und gleichgewichtssinn-störungen. Antibiotikum statt paracetamol und lunge röntgen lassen. **Mein dienstwagen ruft mich im traum, er steht wie ein unruhiger gaul gelangweilt und traurig herum, während ich in meinem käfig nervös und ohnmächtig hinundher laufe...** Dann glück im unglück: sonne und frühlingshafte wärme! Genesungsspaziergang nennt man das, der opa gönnt sich einen ausflug in den park am schloß elbroich und inspiziert dabei auch gleich mal das henkeltor am kamper acker. Interessant, daß die henkel nicht bis zur kreuzung mit der itter reicht, sondern das ministück fußgängerzone als bonner 1-11 ausgeschildert ist! So lerne ich also trotz grippe die sonnige stadt kennen. Jetzt kamillenkochsalz inhalieren und das südlicht im zimmer genießen. Die heilung läuft auf vielen ebenen parallel:

5.3. ~ Der reinigungsprozess findet innen wie außen statt. Während die medizin und alle therapeutischen maßnahmen den körper entschlacken, befreit sich mein geist von den letzten relikten der alten zeit, indem ich die umzugskartons nach über einem jahr endlich öffne und meine bibliothek in die regale einräume, dabei einige bücher zum verschenken aussortiere. Leere kartons & koffer wandern in den keller, sehr symbolisch, denn das verpackte ist das unbewußte, das nun befreit wird! **Sämtliche skizzen und stadtplankopien vom ausbildungskurs von den wänden entfernt, diesen heilenden blick auf die klare weiße fläche genießen... Nur die sektoren-lernkärtchen liegen wie memory-spielkarten verdeckt auf dem stehpult und die taxameter-menufunktionen muß ich auch nochmal durchgehen. Das doofe am allzu verspäteten anfangen ist dieses gemeine risiko, aus der realen übung zu kommen, bevor man überhaupt praktisch drin war...**

6.3. ~ Ganzkörpermuskelkater ohne paracetamol, aber meine ärztin beruhigt mich, das sind nur die üblichen gliederschmerzen. Der röntgenbefund ist ok und das pfeifen in der lunge schon weniger. Jetzt auf der sonnenbank gleich um die ecke im schloßpark eller, den stirneiter mit wärme, wind und licht weglasern. Vögel zwitschern, autos rauschen, bäume stehen stumm herum. Der himmel blau mit weißen wölkchen, auf der wiese maulwurfhügel, jogger, hunde, eine kindergartengruppe, das normale leben eben, ich dazwischen auf der parkbank sitzend, fast gedankenlos mit tausend geistesblitzen. In amerika, in afrika, in grönland und in singapur sitzt jemand auf der parkbank wie in eller süd und weiß, daß wir verstreut auf dem planeten in die ferne schweifen. Irgendwo im universum sitzt vielleicht ein furchterregendes geschöpf und fühlt sich seltsam wie ein ellaner. Es genießt das licht von seinen beiden sonnen und fragt sich, ob man an andren ecken des weltganzen auch verwundert in den himmel starrt. Ein alien ist ein lebewesen irgendwo im universum, für das alle anderen intelligenten organismen aliens sind. **Wir kennen kaum das eigene bewußtsein, grade gut genug, um uns die frage auszudenken, ob die physikalischen gesetze überall genauso gelten wie auf unserem**

mutterschiff, wo autos fahren, schiffe schwimmen und flugzeuge fliegen, eine heideggerische binsenweisheit, deren gültigkeit für fremde galaxien nicht bewiesen ist. Ich stelle mir vielleicht zum letzten male solch unangenehme fragen, bald zerrinnt mir alle zeit unter den limousinenreifen und vergangenes ist noch viel schneller reine vergangenheit. Was gestern war, ist morgen schon vorgestern, heute ist nur das sofort gelebte. Alles weitere erst auf der parkbank des nicht mehr zu rettenden rentner-pärchens, das noch wie am allerersten tag der 2.jugend wild und leidenschaftlich knutschen kann...

6.3.2013

SONNENBAD

vögel zwitschern
autos rauschen
bäume stehen
stumm herum
der himmel blau
mit weißen wölkchen
auf der wiese
maulwurfhügel jogger hunde
eine kindergartengruppe
das normale leben eben
ich dazwischen
auf der parkbank
sitzend fast gedankenlos
mit tausend geistesblitzen

SENSIBILITÄT & SOUVERÄNITÄT

in amerika in afrika in grönland und in singapur
sitzt jemand auf der parkbank wie in eller süd
und weiß daß wir verstreut auf dem planeten
in die ferne schweifen irgendwo im universum
sitzt vielleicht ein furchterregendes geschöpf
und fühlt sich seltsam wie ein ellaner es
genießt das licht von seinen beiden sonnen und
fragt sich ob man an andren ecken des weltganzen
auch verwundert in den himmel starrt ein alien
ist ein lebewesen irgendwo im universum für das
alle anderen intelligenten organismen aliens sind
wir kennen kaum das eigene bewußtsein grade
gut genug um uns die frage auszudenken ob die
physikalischen gesetze überall genauso gelten
wie auf unserem mutterschiff wo autos fahren
schiffe schwimmen und flugzeuge fliegen eine
heideggerische binsenweisheit deren gültigkeit
für fremde galaxien nicht bewiesen ist ich
stelle mir vielleicht zum letzten male solch
unangenehme fragen bald zerrinnt mir alle zeit
unter den limousinenreifen und vergangenes ist
noch viel schneller reine vergangenheit was
gestern war ist morgen schon vorgestern
heute ist nur das sofort gelebte

" Hommage
an Jupp "

17.2.2013

YUPP PASS
UP !!

Kaiserswerther

Kennedydm

Karl...

Finanzamt
Nord

Synagoge

Prinz-Georg

Nord

Cecilienallee

Joseph
Beuys
- Ufer

Duis-
burger

Insel

Jägerhof

Jacobi

Am Wehrhahn

Pennelforster

Toulouser

OK- Brücke

Rhein
ufer
tunnel

Kölner

RK-
Brücke

 Acker

Berliner
A. - Ost

Kloster

Erkrather

Wortmann

(Hbg)

Kölner

(Stadttor)

KÖ

Deutsch

Peonien !

HERZOG

1) Homberger
2) Klever
3) Venloer
4) Vagedes
5) Maximilian-Wagle
6) Tonhalle
7) Karl-Rudolf
8) Graf-Adolf-Platz Harold
9) Graf-Adolf-Platz
10) Mittelpunkt

(+25.2.)

28.Freifahren 11.-17.3.2013
(FUNKTIONSKNÖPFE & ÜBERFLIEGER)

Am anfang war der fehler. Und der fehler war beim anfänger. Statt im frühling begann mein job nun mit glatteis und schneetreiben. Alles sah anders aus oder auch zeitweise GAR NICHT: weiß leuchtende schneeflocken und bunte punkte im schwarzen hintergrund, das nennt man dann "ortskunde". Die meiste zeit war ich total desorientiert und darauf angewiesen, daß meine fahrgäste sowieso ihre eigenen lieblingsstrecken wollten, obwohl das meist umwege sind. Was für eine abgefahrene nacht!!! Meine ersten beiden nachtschichten habe ich nun also erfolgreich überstanden und bin schon wieder auf dem sprung zur zentrale. Ein pendeln zwischen bett und dem autositz. Glücklicherweise habe ich rolladen zum totalverdunkeln und schlafe tief und fest mit ohrenstöpseln. **Das lampenfieber, wer mein ALLERERSTER fahrgast sein würde, hat sich gelohnt: ein alter herr mit rollator, der sich als schriftsteller entpuppte, als wir an der jean paul vorbeifuhren und über dessen lebensdaten spekulierten!** Leider ausgerechnet bei ihm dann das allererste trinkgeld verspielt, indem ich falsche funktionsknöpfe am taxameter aktivierte, nachdem ich ihn bis zur verschneiten, lichtlosen haustür gebracht hatte und superglücklich war, ihm geholfen zu haben. Es ist nicht allein diese aufregung, sondern die ungewohnte abfolge von handbewegungen an sich. Ich bin vermutlich nur abgerutscht, vielleicht ein nervöses zittern, keine ahnung. Ist auch egal. **Ich liebe das soziale element an der dienstleistung! Die freude darüber, daß sich ein anderer mensch freuen kann, wenn er spürt, daß man FÜR IHN arbeitet.** Manche spüren aber auch garnix. Ich habe in diesen zwei nachtschichten schon einen filmreifen querschnitt durch die verschiedenen charaktäre erlebt: von eher nicht allzu vermögend wirkenden wie zum beispiel betrunkene herren am späten nachmittag (die nur von ihrer stammkneipe einmal kurz um den häuserblock heimgefahren werden wollen) oder **flipppige lebensgenießer aus der kulturszene, die sich den luxus vielleicht nur selten gönnen, aber trotzdem VIEL trinkgeld geben und darüber hinaus sogar mutmachendes verständnis für die unsicherheit eines anfängers aufbringen (der sie eben NICHT ab-zocken will sondern verzweifelt die kürzeste route sucht) – und dem stinkreichen snob, der absolut exakt bezahlt oder grademal auf 30 cent aufrundet, sich aber dabei unglaublich gönnerhaft vorkommt.** Auch bei den kollegen von der ANDEREN firma gibt es solche und solche: am henkeltor in holthausen riß mir ein alter fuchs, der kein hase war, meine wagentür auf, als mein fahrgast schon platz genommen hatte, und brüllte mich ohne umschweife mit stechenden augen an: "wieso drängelst du dich vor?!" Völlig verdutzt darüber, daß er kein mythos ist sondern auch DIESE typen tatsächlich existieren, habe ich höflich geantwortet: "tut mir leid, das ist ein funkauftrag." Aber er wurde noch wütender, glaubte mir kein einziges wort und hätte am liebsten eine schlägerei angefangen, wenn ich nicht mit offener tür "wie im krimi" losgebrettert wäre. Wer weiß, wieviele stunden der arme narr vor dem henkeltor STAND & SCHLIEF, um einen kunden "anzulocken" – und dann fährt einfach ein anderer vor und das einzige "opfer" ist futsch. Dementsprechend beruhigte mich mein gast, daß er genau deshalb nur noch UNSERE firma anruft, um die konfrontation mit solchen frustrierten kerlen zu umgehen, nachdem er das MEHRMALS erlebt hätte. Tja, aber andererseits gibt es auch bei der "konkurrenz", die für uns eigentlich nicht negativ als konkurrenz abgestempelt wird (weil wir ALLE kollegen im selben boot sind), auch nette gesellen, die sich absolut professionell und total korrekt verhalten: als ein einsteiger-pärchen nicht sicher war, welches auto sie nehmen dürfen, weil ich am taxistand an vorderster position auf einen neuen funkauftrag wartete, die beiden aber bereits in der nähe des hinteren fahrers vorbeikamen, rief ich ihnen zu: *"sie haben freie wahl!"* (was so nämlich stimmt, obwohl viele irrtümlich glauben, man müsse den vordersten nehmen, weil er am längsten wartet), und trotzdem schickte der kollege das pärchen zu mir. **Eine derartige geste ist gut für das klima in der gesamten zunft, denn man erzählt sich ja während der wartezeiten am taxistand von besonderen erlebnissen und tauscht ungewöhnliche erfahrungswerte aus, die sich wie lauffeuer verbreiten können. Ich muß jetzt schnell los, keine zeit mehr für literatur, die dritte schicht beginnt bald...** [SCHICHT] ...und ist schon wieder um. In der letzten halben stunde auf der rückfahrt in die zentrale kam ich bei der bach vorbei und war verblüfft, daß man unter der sbahnunterführung hindurch fahren kann, obwohl in der amtlichen karte ein balken zwischen der benzenberg und der kronprinzen andeutet, daß hier entweder poller oder irgendwelche sonstigen absperrungen die bach für den autoverkehr unterbrechen. Bin kurz in der kalten dunkelheit ausgestiegen und habe auf dem (anscheinend namenlosen) platz versucht zu entdecken, wofür dieser balken ursprünglich steht, denn auf einer anderen ausgabe der amtlichen karte existiert dieser strich auch, aber erstreckt sich sogar bis über den platz, was ebenso seltsam anmutet, denn es gibt NIRGENDS eine blockade. Warum das so wichtig ist? Man gelangt in der realität ohne bilker *"dom"* umweg direkt vom über-flieger über die palmen (nicht bis zur kronen, davor sind leider poller) auf die bilker allee, um in die cornelius abzubiegen, die den weg nach nordosten einleitet. Jetzt kann ich die augen nicht mehr offen halten. **Speichern und schlafen...** [SCHLAF] ...übrigens weiß ich seit gestern abend dank eines fahrgastes, daß es nicht nur die heinrich heine als ALLEE in der altstadt gibt sondern auch als normale STRAßE in hilden! Den gigantischen sonnenuntergang mit verfärbtem elbsee am ende von unterbach hätte ich zu gerne auf der rückfahrt geknipst, aber es gab keinerlei möglichkeit, kurz mal schnell anzu-halten, auch nicht beim überqueren der A46 auf der rothenberg: **als rot glühender ball hing die kreisrunde sonne direkt über dem** *"südlichen zubringer"* **und lockte ihre metall-kinder wie eine schamanische rattenfängerin nur durch hypnotisches flimmern an, bevor sie mitsamt dem verkehr hinter dem horizont in den unendlichen abgrund stürzte. Die autobahn verläuft hier nämlich nach westen direkt in die sonne – es war apokalyptisch!!!** Aber was sehe ich draußen: die sonne blendet mir wieder von ihrem gewohnten stammplatz aus wie jeden mittag entgegen, alles läuft weiter wie bisher und wirkt sogar frühlingshaft, obwohl ich heute morgen durch nieselschnee nach hause schlich. Bin gespannt, wie sich das wetter im laufe der vierten schicht ändert... [2xSCHICHT] **...EIN KLEINES WUNDER IST LETZTE NACHT GESCHEHEN, mein gehirn hat am anfang der 5.schicht plötzlich automatisch in einen anderen wahrnehmungsmodus umgeschaltet: auf himmelsrichtungen anstatt vogelperspektive, also die straßen nicht mehr von senkrecht oben sondern von seitlich in der fläche gesehen, so daß ich über-raschenderweise fast dauernd wußte, wo ich ungefähr bin!!!** Ich hatte zwar für einen freitag noch viel zu wenig umsatz, aber dafür konnte ich fast alle streckenziele jetzt endlich AUSWENDIG anfahren und brauchte meinen bunt präparierten stadtplan nur noch, um mich der groben richtung der abholadresse zu vergewissern. Das empfinde ich jedes mal als total aufregend, mein herz beginnt richtig zu rasen: WO? WOOO?

WOOOOOOO SOLL ICH HIN????? Meistens befindet sich die adresse sowieso in nächster nähe, ein schlenker, ein umdrehen, ein um-den-block-fahren genügt, insofern alle einbahnstraßen so laufen, wie man es für diesen auftrag braucht. JEDES MAL BEGINNT DAS GROẞE EINBAHNSTRAẞENGEBET AUFS NEUE. Manchmal bin ich auch eine minute vor dem signal für den auftrag schon haarscharf daran vorbei gefahren. **Wüßte man das bereits vorher, bliebe man einfach auf risiko stehen oder führe so langsam, daß man genau dort wäre, wo man hin soll. DAS wäre wirklich eine coole taxizen-variante. Vielleicht entwickel ich ja eine solch *"paranormale"* kompetenz: zu AHNEN, wohin ich in 5 minuten muß, und die richtung schon prophylaktisch einzuschlagen?** Ich schleiche ja sowieso ziemlich langsam über den asphalt (und an manchen stellen noch kopfsteinpflaster mit tiefen kratern wie vor zweihundert jahren, nicht gut für eine limousine!), um mir die straßen besser einzuprägen. Nur einmal, nämlich zum allerersten mal überhaupt, habe ich den navigator benutzt, als ich unsicher war, wo blöderweise gar keine gefahr bestand, weil es einfach schön geradeaus bis zur brücke ging. Und der navi empfahl mir doch glatt eine ehrenrunde um die riesen kreuzung, wie absurd und bescheuert und peinlich und kostspielig! **Aber ab jetzt hoffe ich, nie wieder den spruch *"sind sie überhaupt taxifahrer?"* zu hören, weil ich die rheinkniebrücke nicht über die ernst-gnoß durch das ministück tunnel anfahren wollte sondern über die neusser harold kavallerie, was von der wilhelm-tell aus KÜRZER ist. Und den barbarossaplatz sollte ich auch nicht über die dominikaner sondern über die oberkasseler anfahren, obwohl die einen WEITEN BOGEN macht. Leider war ich noch zu unsicher, um den drei damen ganz freundlich zu erklären, daß ihre wunschstrecke insgesamt etwas LÄNGER ist als die toproute, so daß ich den spruch einfach hinnahm und ihrem wunsch folgte. Sie kamen wenigstens sicher ans ziel und ich konnte ihnen erleichtert einen angenehmen abend wünschen...** [6.SCHICHT] Meine erste samstagnacht und damit die letzte schicht meines ersten 6er-blocks mündete ausgerechnet in der überfüllten altstadt, nachdem der total überdrehte clubsucher an der mettmanner feststellte, daß er überhaupt nicht zur mettmanner sondern zur mertensgasse wollte. Leider bemerkte ich erst dadurch an seinen erweiterten pupillen, daß er nicht mehr *"bei sinnen"* war, aber da war es zu spät, denn nun blubberte er ohne punkt und komma wie ein wasserfall auf mich ein, während der navi mir aus der baustellenkante tonhallen, ost und wehrhahn ein bermudabetondreieck kreierte: *"biegen sie JETZT rechts ab, bitte JETZT rechts abbiegen"*... immer dieselbe ansage in endlosschleife, der navi wollte vermutlich, daß ich ein authentisches gespür für die droge bekomme. Ich hielt also an, stellte den taxa auf pause (weil es sich an diesem punkt um meine mangelnde orts-kenntnis handelte, die ich dem fahrgast nicht anrechnen kann), um in aller ruhe noch einmal nachzuhaken, wo dieser club denn genau sei. Endlich: in der ALTSTADT! Ach du scheisse... Ich weiß nicht, ob ich bei 3800 straßen die mertensgasse schon unbedingt kennen müßte, denn sie liegt in der fußgängerzone und ist daher alles andere als eine *"oft benutzte"* verkehrsstraße. Aber das eigentlich deprimierende und gemeine ist, daß viele namen im gehirn etwas anklingen, aber der groschen fällt trotzdem nicht. Naja, also altstadt... Da um diese zeit alles rund um die heinrich heine allee gnadenlos (und vorallem von taxen) verstopft ist, bin ich dann schnurgerade über die stein bis zum carlsplatz durchgefahren (unglaublich: freie fahrt!), denn dort lässt sich dann noch immer gut anhalten und das *"gespräch"* in entspannter, freundlicher art beenden. Nachdem ich ihm mutmachend erklärte, er müsse die berger nur reingehen und wäre in wenigen minuten ÜBERALL in der altstadt, egal wo der club sich befände, stieg er tatsächlich von selbst aus, OHNE sich die zigarette verbotenerweise im auto ange-zündet zu haben (ich hatte es mehrmals mit einem *"leider nein"* höflich erklärt), OHNE am taxameter rumzufummeln (ich mußte ihn während der fahrt fast schon rausschmeis-sen, wollte aber das deeskalierungskonzept mit allen tricks ausreiZEN, um nicht am ende das ganze delirium auch noch als fehlfahrt stornieren zu müssen), OHNE einen fleck von der glücklicherweise leeren bierdose hinterlassen zu haben (keine ahnung, wo er die während der ganzen fahrt unter der jacke versteckt hielt, sehr clever!) und OHNE womöglich noch bösartig zu werden, denn diese drogeneuphorie hätte auch leicht in paranoiden sadismus umschlagen können. Das war nicht gerade die fahrt, mit der ich meine 3-tagespause beginnen wollte. Andererseits war es eine wertvolle erfahrung, auch hinsichtlich des navigators. **Der navigator nervt! DER NAVIGATOR NERVT! Und nachdem ich ihn benutze, bin ich jedesmal wieder total desorientiert wie ein behin-derter zugvogel, der keinen natürlichen kompass mehr in der wahrnehmung eingebaut hat.** Ich hatte so wundervolle fahrgäste vorher, so nette, ja teilweise berührende gespräche, in denen mir seelische dinge wie offenbarungen anvertraut wurden – der mensch ist so vielseitig, kann monster und engel sein. Sogar beides in einem...

Pause auf Position 1 an der 407

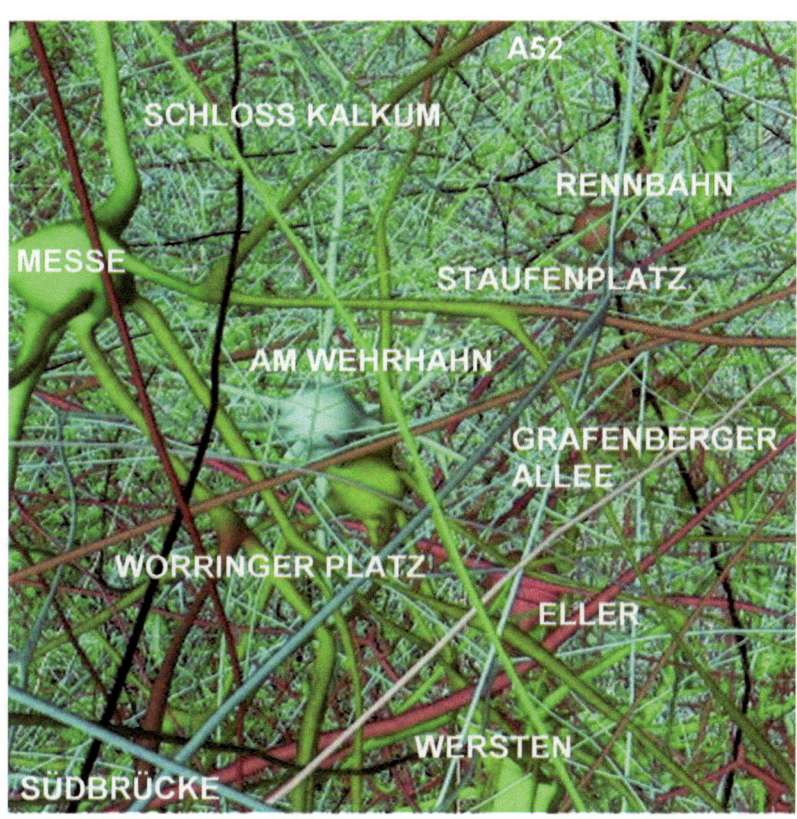

29.Freifahren 28.3.2013
(AUSSCHALTEN & ABSCHALTEN)

Nach zwei tagen planloser plemplempause die innere sprachlosigkeit überwinden die totale erschöpfung durchbrechen den schlaf organisieren mir ruhe gönnen die pause als tatsächliche pause annehmen ohne weiter *"kreativ"* zu grübeln wie als selbständiger auf dessen bürotisch ein nie abbaubarer aktenhaufen liegen bleibt der dich bis in die träume verfolgt weil kein chef zu dir sagt, wann schichtende ist! **das auto AUSSCHALTEN HEIßT ABSCHALTEN und keine unerledigte arbeit zurücklassen. jeder einzelne auftrag ist irreversibel erledigt, sobald der mir anvertraute fahrgast am ziel ist. das echte leben kennt kein zurück, alle elfenbeinfarbenen autos fahren nur vorwärts, vorwärts, immer weiter vorwärts der endlosen zukunft entgegen. auf jedem straßenschild steht derselbe name geschrieben: "JETZTSTRAßE". hier gibt es keinen hyperreflexionsberg mehr, der ständig nachwächst, keine grenzwertigen visionen, keine mystischen gedanken-inflationen, nur noch die fahraufträge und das berechnen der route im kopf: wo war das nochmal und wie komme ich da wohl am besten hin?** weiß ich es auswendig? muß ich in meinem stadtplan nachschlagen? oder doch den verfluchten navi benutzen, der keine baustellen kennt, jede absperrung mit monoton freundlicher stimme ignoriert und nach einer neuberechnung anteilnahmslos sachlich *"demnächst abbiegen"* empfiehlt? alle gedanken kreisen nur um die kürzeste strecke. das hirn ist ein einziges abkürzungs-labyrinth zur spontanen sortierung aller informationsfluten in sekundenbruchteilen. ein nach außen nicht spürbarer stressfaktor, der die synapsen zum glühen bringt! philoso-phie und politik bleiben dabei auf der strecke. **wer taxi fährt, fährt taxi. mehr ist nicht drin, jedenfalls nicht für einen anfänger wie mich. und so stelle ich mir den normalen alltag eines fabrikarbeiters auch vor: arbeiten heißt keine zeit zum nachdenken zu haben, ja noch viel schlimmer: noch nicht einmal lust auf denken zu empfinden!** ich kann und will nicht mehr über den zustand der welt nachdenken, wenn ich total matsche nach hause komme, mein körper noch mehrere stunden später wie eine limousine schaukelt und ich beim stillstehen (kaffee kochen, hände waschen, zeitung lesen) sogar zwei tage danach noch dieses seekranke soggefühl habe, durch einen beschleunigungs- oder bremsvorgang von einem magnetischen inneren strudel aufge-saugt zu werden: irgendwie will sich der körper selbst verschlucken, zu einem schwarzen löchlein zusammenschrumpfen und aus dem mund steigen dabei gähnende sprech-blasen auf, riesenblasen ohne worte, ein stummer comic, in dem jeder gedanke, jeder spruch, jeder anflug von buchstaben durch eine weiße fläche übertüncht wird. **der körper fühlt sich an wie ein aufgeblasenes ichloses auto mitten im verkehr, seine zellen glauben weiterhin, sie wären unterwegs, obwohl ich längst zuhause angekommen bin und hier mehr oder weniger verzweifelt versuche, vom taxitrip runterzukommen, loszu-lassen, den boden unter den füßen zu spüren, den stillstand heilsam auf die nerven wirken zu lassen. ich sage zu meinen füßen: ES SIND KEINE RÄDER MEHR UNTER EUCH, ALLES STEHT STILL!** aber trotzdem rauscht der asphalt unter mir weiter, als ob etwas in mir nicht ausgestiegen sei. ein teil meiner identität bleibt anscheinend im auto sitzen, eine seelische hülle wie eine zweite haut, die chauffeur-maske, die ich im auto vergaß und die über telepathischen funk weiter signale der fortbewegung an meinen körper sendet. ich muß das wahrscheinlich erst üben, auf allen ebenen auszusteigen, damit ich keinem paranormalen spuk ausgeliefert bin, weil ein teil meiner selbst irgendwie weiterfährt. nein nein nein, ich habe pause! ich stehe. still. stillstand. PAUSE HEIßT PAUSE. offline gehen. mich vom neuronalen gps-system ausklinken. als pausenmensch ohne sektorzahl auf der grünen achse spazieren gehen. freizeit-GPS = GrünPausenSektor! die mittagssonne tanken den duft von frischer feuchter morgenluft morgens und abends die abenddämmerung am see kopulierende enten beobachten das wilde vorpro-grammierte spiel der tiere beim freien plangenauen liebemachen die mentholnelken-zigarette genießen ohne an das ende der *"kurzen pause"* denken zu müssen keinen klaren gedanken fassen können nur müde sein und den körper wie ein schwankendes wasserbett auf entzug fühlen von innen aufgeblähte zellen die hände wie ballons und der geist wie ein ausgewrungener waschlappen. das arbeiten verändert die wahr-nehmung NICHT, aber die fähigkeit, all das wahr-genommene festzuhalten. **als 8jähriger mit dem kettcar alleine im nieselregen um den häuserblock kein kind außer mir draußen ich liebte das friedliche wetter der himmel sank tiefer die feuchte erde kroch in die hosenbeine alles war andächtig und still und der spielplatz wie ausgestorben das klettergerüst hat endlich zeit zu sich selbst zu finden die rutsche kann endlich in ihrem selbstgefühl ankommen und denkt *"ich bin eine rutsche"*. kein kind weit und breit außer mir, alle im warmen drinnen, beschäftigt mit essen, gehorchen, heia machen. nur ich darf (oder will) als einziger draußen essen, den eintopf aus der plastikschüssel im nieselregen auf meinem kettcar, von meiner mutter liebevoll aus dem küchenfenster hinunter gereicht. so selig und selbstzufrieden kann ein kind mit sich sein: ein kettcar, ein eintopf und eine herbststimmung genügen, nostalgisch wie in einem roman von hermann hesse. ich liebte die langeweile der einsamkeit in der natur (und das tue ich noch heute!), den geruch von den nassen blättern der pappeln, im tiefen sattel sitzend genüßlich um den block zu kurven, ganz langsam über den steinweg zu fahren, in die pedale zu treten, den wind in den pappeln rauschen zu hören, die pappeln, die erst vor einiger zeit alle gefällt wurden, die pappeln meiner behüteten kindheit, die den roten steinweg entlang der blöcke säumten, meine allee, meine autobahn, meine meditation...** das dahingleiten im taxi durch die bezirke bis an die ränder der stadt durch die dunkle nacht durch den ratinger wald durch industrie-viertel verlassene straßen einsame gegenden menschenleere brachflächen zwischen den zivilisierten lichtpunkten locations privatwohnungen und büros das dahingleiten mit offenem schiebedach unter dem sternklaren vollmondhimmel die kindheit erwacht dieser traum vom gemütlichen sitzen während die welt an mir vorbeizieht dieses gefühl von GEBORGENHEIT IN DER BEWEGUNG fast wie im kino nur daß ich hochkonzentriert und hellwach bin weil dieser film vor meinen augen JETZT ECHT ist die unfallgefahr lauert in jeder sekunde ein reh auf der straße ein anderes auto ein unvorsichtiger fußgänger – **entscheidend ist, das zu DENKEN was ich SEHE anstatt einem inneren bilderstrom zu folgen, das DRAUßENDENKEN anstatt der innenansichten eines künstlers das draußen-denken draußensehen draußenfühlen draußenreagieren draußen-kommunizieren draußenSEIN draußenleben und doch nur beobachter des schauspiels der anderen bleiben.** diesen stress, den termindruck, die hektik durch all die verpflichtungen nicht selber zu haben, sondern nur wertneutral zuzuschauen, wie sie von einem ort zu einem anderen müssen, um IHR leben zu leben, was randvoll mit erlebnissen und gesprächen und planungen abläuft... von diesem punkt A nach punkt B über die *"beeline"* oder laut messebesucher auch *"birdline"*, damit sich der fahrpreis so nah wie nur möglich an eine imaginäre luftlinie anschmiegt, die weder durch tausendfüßler noch überflieger erreicht werden kann. meine sorge bei jeder strecke, ob ich die luftlinie entdecke, ihr folgen kann oder mich an einer kreuzung verheddere, wo mehr als 4 straßen ohne 90grad-winkel aufeinander treffen. **ich fahre zwischen den aufträgen mehrfach schwierige stellen an, um sie mir nach und nach besser einzuprägen, die richtige abzweigung nicht zu verpassen, die richtige straße nicht zu übersehen, die gesuchte hausnummer durch die schwarze suppe der luft hindurch zu entdecken.** die stadt sieht im dunklen so anders aus, ich verliere die orientierung, wenn ich mich vom navigator ablenken lasse, wichtiger ist das leibhaftig erlebte gefühl für jede abbiegung, um auch nach mehrfachen wendemanövern die himmelsrichtung zu kennen, das BEWUßTE BEFAHREN der straßen an sich, um die fehler zu analysieren oder sogar schon im vorfeld durch einen neuen strich oder pfeil in der karte beim nächsten fahrgast zu vermeiden: hier darf man nicht links abbiegen, dort kommst du nicht durch, diese rennpiste ist ein verdammter umweg, aber jene holpergasse ein perfekter schleichweg. und ich bin froh über jeden einzelnen kunden, der selber weiß, welche straßen in seinem wohngebiet sackgassen und einbahnstraßen sind, um mir zu sagen, wo ich am besten entlangfahre. ich fühle mich dadurch nicht inkompetent sondern bedanke mich für die hinzu gewonnenen ortskenntnisse, schaue mir alles im nachhinein nochmal auf meiner karte an, um mir den straßenverlauf einzuprägen und einige neue symbole als warnschilder hineinzuzeichnen: wenden nicht möglich oder durchfahrt für taxi erlaubt...

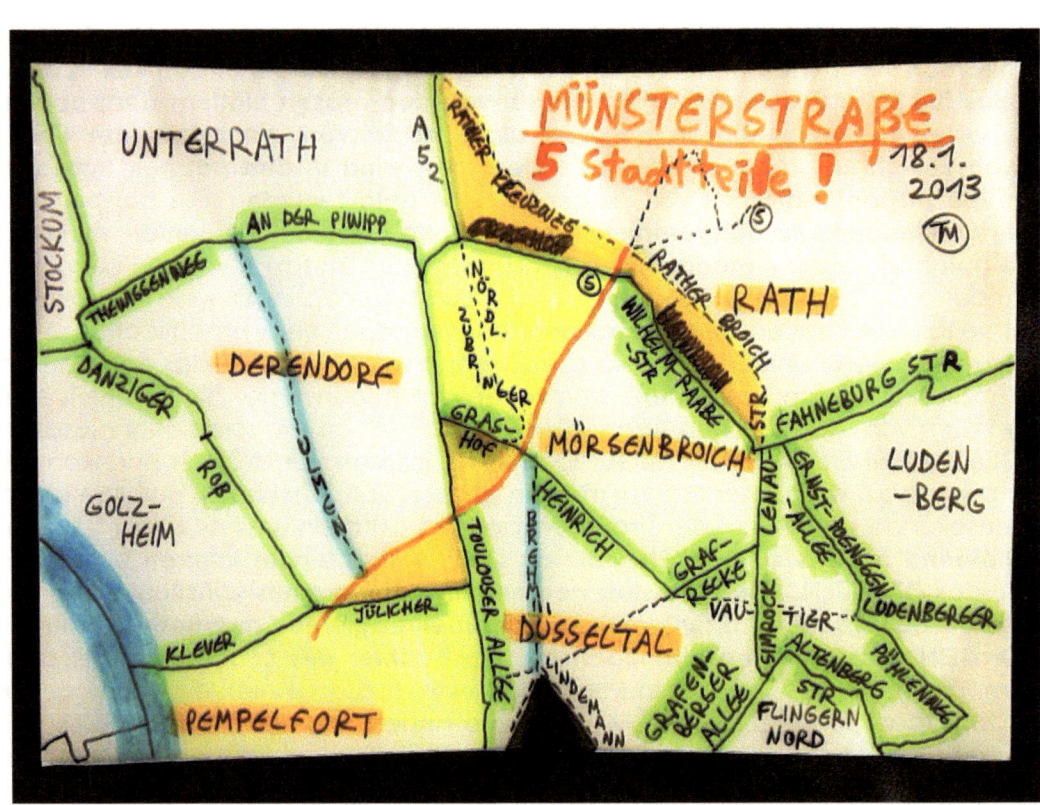

JETZTSTRAßENNETZ

jedes auto schaut
nur noch nach vorne
zum endlosen horizont
und verschlingt ganze
straßenzüge auf seiner route
von a nach xy von unendlich
nach unendlich von einem
nullpunkt zum nächsten
der ganze verkehr spuckt
alle ampeln in diesen abgrund
hinter der letzten kurve
jede straße sagt JETZT
und meint doch schon das
gestrige baustellenchaos der
schlund der vergangenheit tanzt
durch die dunkle nacht wie
ein niagarafall schäumt die
geschwindigkeit in den
lichtpunkten im rückspiegel
die sterne verjüngen sich
auf der erde wie faule äpfel
du stirbst wie du lebst und
du lebst wie du denkst doch
du denkst nicht mehr nach
seit dir das fühlen verboten
wurde das fahren ist leichter
als sich im stillstand zu
spüren der schmerz über
das ständige sterben der
gegenwart ist so groß daß
ich schreien könnte wenn
ich nicht wüßte daß hinter
der kurve die nächste
gegenwart lauert solange
ich atme solange ich sehe
was sich vor meinen augen
bewegt ist das leben ein

kinofilm mit superhelden
aus den eigenen reihen
bis wir verschwinden und
andere nach uns kommen
die wieder verkehr spielen
und dafür sorgen daß kinder
vom aussterben nicht so
bedroht sind wie unsere
seele an sich die wir gut
leugnen können weil sie ja
noch nicht beweisbar ist
wie der gott den es gibt
weil wir in einer bestimmten
region des gehirns an ihn
glauben ich glaube an meine
seele in einem organ das
die wissenschaft noch nicht
kennt dieses organ ist ein
loch in den zellen durch das
die geschwindigkeit aller
gegenwarten hindurchpfeift
als sei hier die windstille
mitte eines geisterorkans
und ich spiele querflöte
auf meinen hohlen knochen
für diese befreite antiseele
ich tanze und jubiliere
und rufe dir zu daß ich
dich LIEBE bis es uns nicht
mehr gibt oh mein schatz
meine liebste meine göttin
oh ja lass uns lieben
solange wir leben der
abgrund pirscht sich
immer schneller von
hinten an uns heran
und er schäumt und
verschlingt uns
je schneller
wir fahren

30.Freifahren 4.4.2013
(ZWANGSPAUSE & ZIELGRUPPEN)

Tja, so kanns gehen: auf dem verfrühten heimweg habe ich wie ein kleiner junge geweint, dem sein spielzeug weggenommen wurde, als ich meine schicht am samstag abend nach nur 3 stunden vor lauter schmerz abbrechen mußte. Aber die schmerzen waren weit weniger schlimm als dieses frustrierende gefühl, NICHT MEHR ARBEITEN zu können, obwohl ich es will (zwangsurlaub hatte ich reichlich genug im bisherigen künstlerleben!) und meinem körper restlos ausgeliefert zu sein. **Während mein geist von einem fahrgast zum nächsten jagt, sendet der körper signale, die mir nur allzu vertraut sind. Die verdauung spielt vom nächtlichen fastfood verrückt und die nervenenden glühen bis zu den zehenspitzen vom zu langen sitzen am stück. Das macht 5 tage TOTALSITZVERBOT, danach noch die 3 regulären pausentage. Ich fühle mich grad wie ein ausgestoßener, wenn ich die kollegen auf der piste an mir vorbei flitZEN sehe, während ich spazieren gehe, einkaufen und in den waschsalon oder ziellos durch den park, egal was, hauptsache der schmerz lässt durch die bewegung nach...** Nur 3 wochen –noch nicht mal 1 monat– 6tagesschichten habe ich nun hinter mir und schon das! Aber ich nutze die zwangspause, um all jene clubs zu kartografieren, die ich dank der "*sozialen umwege*" im internet finde. Vielleicht schaffe ich ja sogar, das geplante pdf aus dem bisherigen blog zu layouten: Taxitrip teil 1 unter dem arbeitstitel "**_STARTPROBLEME_**"... hätte eigentlich mit dem ersten echten taxigedicht enden sollen. Nun endet der trip mit diesem doch etwas ungewollten nachtrag, aber die authentizität verpflichtet. **Ich widme diese pdf-publikation allen kommenden taxi-azubis unserer firma sowie den freundlichen und verständnisvollen feen in der verwaltung. Dank gebührt außerdem meinen direkten chefs und der firmenleitung für den sehr menschlichen vertrauensvorschuß, der einem als neuem chauffeur notgedrungenerweise entgegen gebracht wird, da die bewährung erst "*on the road*" stattfinden kann. Ganz besonderer dank gilt selbstredend meinem dozent, der mit seinem strengen humor niemals müde wurde, seinen extrem hohen anspruch in uns hinein zu hämmern, mit merksprüchen und eselsbrücken, mit endlosen wiederholungen und der tausendfachen richtigstellung der allerpeinlichsten fehler und absurdesten irrtümer.** Daß der asphalt der realen straße vorallem im dunkln der nacht eine viel heftigere dimension darstellt als alles, was sich in der ausbildung vermitteln lässt, liegt leider an der natur der sache – aber macht ihren reiz eben aus! Ich bin stolz darauf, ein taxi-chauffeur in dieser firma zu sein...

31.Freifahren 9+10.4.2013
(RÜCKEN, AUSRÜCKEN & AUFRÜCKEN)

9.4.2013 ~ bevor ich über irgendetwas anderes schreibe, möchte ich mich an dieser stelle erst einmal symbolisch bei allen bisherigen fahrgästen für meine UNSICHERHEIT entschuldigen, bei den verständnisvollen ebenso wie bei den vorwurfsvollen, bei den geduldigen und hysterischen, den gutmütigen als auch bösartigen, den allzu hektischen sowie den allzu stoischen, den großzügigen wie den geizigen – **ich habe keinen einzigen umweg mit absicht geplant, keine abbiegung vorsätzlich übersehen, keine falsche pseudotoproute vorgetäuscht, habe mich immer bemüht, mit dem fahrgast den weg zu besprechen und eine strecke zu finden, die ihn mit allem respekt zufrieden stellt.** das klingt jetzt dramatischer als es tatsächlich war, denn es gab ja keine einzige beschwerde in der zentrale. aber ich neige in gewisser weise zu schlechtem gewissen, weil ich gerne von anfang an so perfekt wäre, wie man es vielleicht sowieso nie werden kann. manchmal konnte ich in der dunkelheit erst im letzten moment erkennen, an welcher kreuzung ich bin (das klingt wohl witzig und peinlich für einheimische, ja ich weiß) – oh, wie ich die ecke mit der vagedes/prinz-georg hasse: von jeder seite und je nach wetterlage (von regenschauer über schneegestöber bis zu sternklarer vollmondnacht) sieht diese schiefe kreuzung mit 5 (statt nur 2) ineinander verschachtelten straßennamen zwischen düsselthaler & duisburger total anders aus! oftmals muß ich mich höllisch konzentrieren, wie und wann und wo ich genau abbiegen muß, aber niemals wollte ich meine fahrgäste betrügen! die nächtlichen einsteiger im stadtzentrum können das auf IHREM trip nicht so verstehen, sie sind sehr viel härter und schneller im strengen verurteilen des fahrers, weil sie von vornherein damit rechnen, betrogen zu werden **(die sprüche über die taxibranche wären eine eigene sammlung wert! unzählige kunden berichten von abzockerei auf ihren traditionellen heimwegen, die plötzlich sagenhafte 35 statt nur 24 euro kosten sollten, und bestellen deshalb nur noch unsere firma!)**, darum bin ich jedesmal froh, wenn ich ältere gebildete menschen chauffieren darf, die einfach spüren, daß man nicht gegen sie sondern FÜR SIE MIT HERZ arbeitet, und die einem sogar ein paar wohlwollende tips aus ihrer eigenen lebenserfahrung mit den schleichwegen quer durch die stadt geben. nach 1 monat auf der piste muß ich nun zugeben, daß ich noch immer bei jeder fahrt etwas dazu lerne und immer wieder sogar auf vertrauten strecken neue details entdecke, die mir bislang entgangen sind. ich komme also aus dem staunen nicht raus, jede nacht geht die ausbildung weiter und wird verfeinert...

10.4.2013 ~ kleiner schock: ich bin am ende. nach 9 stunden schlaf am stück bis 16 uhr (um 7 bin ich endlich eingeschlafen nach zwei stunden innerer unruhe und diesem schwindeligen körpergefühl, als würde ich noch serpentinen fahren) **ist der rücken wieder so extrem verspannt, daß ich vor schmerzen ganze ozeane schwitze und mich kaum bewegen kann. nachdem ich mich erstmal in zeitlupentempo vom bett auf den teppich gerobbt hatte, um zu versuchen mich ganz vorsichtig einzurenken und überhaupt zu kapieren, wo der eigentliche knackpunkt (in den knochen oder in der seele???) liegt**, wurde mir plötzlich unter heulen und fluchen klar, daß ich de facto nicht nur ARBEITSUNFÄHIG bin, sondern die ANGST habe, ob ich den job überhaupt wirklich langfristig machen kann. mir diese frage überhaupt erstmal als frage einzugestehen, nach all den beschwerlichen anlaufproblemen, den hürden und hindernissen, den bisherigen ausbildungsversuchen (jetzt bin ich mal endlich nicht gescheitert!) und der überwältigenden freude, endlich "angekOMmen" zu sein, ja, **endlich das gefunden zu haben, was sich wie eine bestimmung anfühlt, ein wunsch, der in erfüllung geht, ein ferner, fast unerreichbarer wunsch wie die liebe, mit der man nicht rechnet und die sich wie hollywood anfühlt, wenn sie dann doch passiert – solch ein traumjob im wahrsten sinne des wortes: ein kindheitstraum!** all das löst in mir jetzt natürlich eine welle von frustration und sturzbäche an tränen aus (tja, ein "echter mann" nach dem motto "indianer kennen keinen schmerz" war ich in solchen dingen noch nie), aber **da muß ich nun durch, um die tiefere WAHRHEIT zu entdecken, diese wahrheit über mich selbst, die ich anscheinend noch nicht zu genüge erkenne und darum diese heftige körper-sprache benötige, die "signale der seele", um mein eigenes schicksal zu entschlüsseln.** es ist dieses ungeheuerlich deprimierende gefühl, schon wieder VERSAGT zu haben, nicht fit genug zu sein, nicht stark genug, um einfach nur wie jeder mensch zur arbeit zu gehen, mit mir selbst ZUFRIEDEN zu sein und mich GEMÜTLICH & ENTSPANNT auf meine schicht zu freuen, auf die lustigen kollegen, die sich schon nach kurzer zeit wie alte freunde anfühlen (es tut gut, von derart herzlichen & hilfsbereiten alten hasen, aber auch von anderen anfängern umgeben zu sein!), unsere gespräche an den taxiständen, wenn es plötzlich piept, der vorderste einen neuen funkauftrag erhält, alle anderen autos aufrücken und es dann überall einmal piept, weil jeder in seiner position im gps-system eins nach oben aufrückt, sobald der vorderste im besetzt-modus ausrückt. **seitdem der stress mit dem ischias, kreuzbein oder was auch immer vor über 1 woche losging (der notfallarzt meinte zwar, das glühen und stechen im kleinen zeh käme NICHT vom ischias, da dieser im dicken onkel endet, aber mittlerweile brennt der ganze fuß, ich kriege ständig wadenkrämpfe und die beine schlafen beim fahren ein, als ob ich einen nerv einklemmen würde, und das alles trotz orthopädischem luftkissen!), quält mich das gefühl, schon wieder nur in einer kurzen episode meines lebens wie im sturzflug notgelandet zu sein, als ob mir keine kontinuität an einer richtigen finalen stelle vergönnt sei.** all die liebesbeziehungen, die maximal 2 jahre dauerten (obwohl die liebe "groß" und "ewig" war), die jobs, die immer nur projektbezogen zeitbefristet waren, und die freundschaften, die keinen städtewechsel überstehen. aber ich bin tief im herzen KEIN eigenbrödler, KEIN einsiedler, KEIN eremit und KEIN eigenweltlerischer egomane, der nur mit sich selbst klar kommt (noch nichtmal das!), sondern habe ein starkes bedürfnis nach gemeinschaft, aber nicht um jeden verlogenen preis! **ich brauche das gefühl von ECHTHEIT, von BERUFUNG, einem tieferen SINN, einer größeren AUFGABE, einer höheren BESTIMMUNG, einer VERANTWORTUNG für etwas weitreichenderes als nur das tagesgeschäft. ich brauche eine VISION, die jeden schritt mit sinn erfüllt, die sämtliche bewegungsabläufe in einer firma oder sonst einem definierten kontext irgendwie in ein sinnvolles metasystem einordnen kann. ich brauche das gefühl von einer vision, um kraftreserven zu aktivieren, gute laune auch bei kleinen mißerfolgen zu bewahren, wenn ich eine größere stoßrichtung erkennen kann, zu der ich im prinzip beitrage!!!** diese psychoanalytischen zeilen schreibe ich am stehpult stehend, hüpfend auf den zehenspitZen trippelnd in anlehnung an eine minimalistische yoga-übung, die das becken lockert, während das heiße wasser mit einer arnika badesalzlösung für muskeln & gelenke in die wanne läuft. eigentlich wäre ich seit einer stunde auf der piste. ich darf gar nicht daran denken, sonst wird mir gleich schlecht vor frust. der eine schwimmt im schnell geerbten oder rein zufällig gewonnenen geld und liegt den ganzen tag gelangweilt und besoffen an seinem biederen swimmingpool, ohne seine freizeit als FREIE ZEIT genießen zu können, diesen LUXUSFAKTOR "ZEIT" ALS FREIHEIT wertzuschätZen, während andere wie ich gern geld verdienen möchten, aber gegen ihren willen zu therapeutischen wellness-maßnahmen gezwungen sind, still liegen müssen, innehalten und abwarten, nichts tun, tapfer schmerz und leid ertragen, zeit verplempern, die der reiche nicht als freiraum für kreativität empfinden kann, weil er zu viel davon einfach passiv besitzt, **während ich sogar unter schmerz versuche, das reale leben literarisch unbeschönigt zu dokumentieren (jede einzelne verfluchte sekunde meines lebens ist zur mindestkreativität verdammt, damit ich auf dem sterbebett nicht kotZen muß!!!)** anstatt völlig unnütz zuhause däumchen zu drehen und dem *"schicksal"* ausgeliefert zu sein, an das ich nicht glaube – was für eine perverse welt! das wasser ist inzwischen fertig eingelaufen, ich nehme meine selbstkritischen gedanken mit in die wanne, tauchstation für leib und seele, mal sehen, ob sich irgendwelche knoten auf irgendeiner ebene lösen lassen... [BADEPAUSE] nach einer geschlagenen stunde im heißen wasser habe ich mich noch in der wanne so einrenken können, daß ich jetzt wenigstens AUFRECHT fast schmerzfrei stehen kann! wer hexenschüsse nicht kennt, sollte beten, von dieser erfahrung verschont zu bleiben. das kinn nicht mehr bis an den hals senken zu können, ohne daß dieser nervenblitz durch den ganzen körper zuckt, sich die socken nicht anziehen zu können, die arme nicht ganz simpel nach vorne auszustrecken, um nur einfach die tasse kaffee zu greifen – du merkst plötzlich an jeder normalen bewegung, wie sämtliche muskeln miteinander zusammenhängen und wünscht dir nur eines: RESTLOSE BETÄUBUNG, EWIGES LIEGEN oder **am besten den körper zu verlassen, nur geistig zu existieren, als hirn durch die luft zu schweben und via neurochip nur noch den hörsinn virtuell zu pflegen, um frühmorgens den vögeln beim zwitschern zu lauschen und den wind pfeifen zu hören. DIE MUSIK DER EXISTENZ als gefühlsquelle, bereinigt von allem fleischlichen schmerz** – au weia, sowas schreibe ich morgens um 3 als ERINNERUNG an das geöffnete schiebedach und den heimweg bei sonnenaufgang. ich erkenne mich selber nicht wieder, den mensch, der so gerne genußvoll sinnlich lebt. aber der schmerz verändert die wahrnehmung radikal und ich weiß momentan nur noch eines: so geht es nicht weiter, ob ich will oder nicht...

32.Freifahren 11.4.2013
(TRAMADOL STATT PARACETAMOL)

durch die nahtlose grünachse an der düssel entlang zu meinem orthopäden in wersten gelaufen, weil bewegung am wenigsten wehtut. dort in einem separée auf einer liege gewartet, mußte gradezu betteln, um als notfall überhaupt dranzukommen. eine halbe stunde invasion mit kortisonlösung, ja wirklich, intravenös, ich lag eine halbe stunde am tropf, echt krass, wußte nicht, das das gemacht wird, kannte nur chirupraktisches einknaksen und spritZen. gegen die schmerzen jetzt nicht mehr paracetamol, die sind ja ein witz meint der doc und verschreibt mir tramadol retard. ich geistere danach durch den südpark bis in die stadt rein, um mir beim **sternverlag auf der friedrichstraße** eine zweite spiralbindung des amtlichen stadtplans zu kaufen, weil meine benutzte schon auseinanderfällt. in der neuen kann ich dann endlich die clubs einzeichnen, die liste ist leider noch immer in arbeit, ich nehme mir einfach zu viel vor, versuche die freien stunden der nacht für was sinnvolles zu nutZen, das mit der arbeit zu tun hat. ich möchte nicht dafür bezahlt werden, daß ich zuhause rumjammer, für irgendwas soll diese zwangspause doch "nachhaltig" gut sein! aber jetzt erstmal heiße wanne mit lavendelduft, es ist 1 uhr nachts und ich kann noch klar denken...

11.4.2013, 94.E.S.

GELIEBTE

ziellos durch belebte gassen
wandern leute werden gläsern
wie die werbung kein geschäft
kann meine seele reizen keine
schönheit wirkt natürlich nur
im schmerz bin ich zuhause
kein gespräch hat hand und fuß
der große geist wohnt neben
der bewegung ins unendliche das
badewasser brennt auf meiner haut
wie deine allerletzte umarmung
bevor du diese welt verlässt
wir üben den gekonnten abgang
jedesmal und sind erleichtert
daß uns noch ein tag geschenkt
wird um den sinn zu wiederholen

VERKEHRS(T)RAUM(A)

du bist die sonne ich
der halbmond du der
strand und ich stadt-
mitte du bist schön
ich bin nur schmerz
du bist der anstand
ich die anstalt du
natur ich technik pur
du bist entspannung
ich der plan du hast
den abstand ich die
arbeit dich verzückt
das meer mich macht
das autofahren noch
verrückt du bist der
hunger ich der durst
du das gedächtnis
ich vergessen wir
sind liebende die
allen gegensätzen
trotzen du kannst
schweigen ich muß
reime runter rotzen
doch das ganze wurde
nicht gespeichert
darum wiederhole ich
mich seit der ersten
zeile aber bin
erleichtert daß
gedichte so viel
leichter als romane
von der hand ins
handy gehen weil
wir uns durch weiche
worte wie durch eine
warme haut verstehen
nur kann keiner außer

uns das kitschige
bedürfnis fassen wer
gedichte formuliert
verliert und kann es
doch nicht lassen
den normalen literat-
urbetrieb versorgen
wir mit tellern
tassen untertassen!

Der Autor ca. 1975 in der Artilleriestr.32, Jülich-Nordviertel

33.Freifahren 15.4.2013
(TROJANER STATT TRAMADOL)

Liste mit 15 (!) symptomen für meine hausärztin aufgeschrieben, damit ich morgen früh nix vergesse. Angefangen bei den glühenden nadelstichen in den füßen über den tinnitus und die seekranken schwindelattacken bis hin zu den plötzlichen angst-zuständen mit heulkrampf, das ganze somatoforme paket von organisch bis seelisch! Nur seltsam, daß ich 1 monat lang ohne probleme alle nachtschichten mit vollpower und euphorie fuhr, fest im glauben, endlich das richtige gefunden zu haben und zu genießen, in einer sache kompetent zu sein und sie routinemäßig auszuführen, ohne gleich irgendwelche wehwehchen zu kriegen. Aber jetzt: ein desaster vom ausmaß einer echten krise! **Ich brauch keine krise, ich will keine krise, ich habe das menschen-recht, funktionieren zu dürfen.** Stattdessen: totale erschöpfung, ich könnte nur schlafen, die hände zittern plötzlich und alles fällt mir aus der hand. Stehen, sitzen und liegen tut alles im nacken, im rücken, im becken und in den beinen gleich weh, so daß nur rumlaufen bleibt, durch die gegend geistern, DIE LANGEWEILE DER LANDSCHAFT mit gleichgültigkeit an mir vorüber ziehen lassen. Zwangszen in der großartigen kunst, trotz der schmerzen nicht durch zu drehen (wie sähe das aus? schreiend in eine zwangs-jacke gesteckt werden? oder von einem brückchen in die düssel springen und mir alle knochen brechen, weil der bach nicht tief genug zum sterben ist?), was die kraftlosig-keit und das schwindelgefühl noch verstärkt. **Naja, wenigstens kann ich im laufen die nötigen sms für den blog schreiben, der leider vom taxitrip zum therapietrip mutiert, weshalb das projekt ebenfalls eine zwangspause braucht!** Das tramadol hat mich nur im kopf matsche gemacht, aber KEINERLEI auswirkung auf das komplexe schmerz-empfinden! Da ich kein anderes mittel vertrage, bleibt nur noch die übliche wunder-waffe: rotwein! Der alkohol hat immerhin mehrere vorteile neben der schnellen betäu-bung (abgesehen vom hohen genuß): er lockert die muskeln und beruhigt die verdau-ung. Und während das heiße wasser in die wanne läuft (je heißer desto besser für die nerven!), fahre ich den computer hoch, der wieder ohne trojaner läuft (als ob man nicht genug stress hätte!) und absolviere die wichtigste bodenübung, nachdem ich zuerst auf dem teppich prompt einschlief. Einrenken. **Und all die depressiven gedanken fliegen lassen, die mich wie eine nebenwirkung verfolgen. Nahtodesgefühle. Daß ich nicht mit meiner freundin alt werden kann und wir zu wenig zeit füreinander hatten. Abschiedsstimmung mit apokalyptischen anwandlungen.** Ich sags ja: bringt alles nix. Blogende. Kein taxitrip. Tagebuch zum jammern mißbrauchen ist VERBOTEN. Näxte meldung erst wieder von der firma aus oder überhaupt nicht. Krankheitsverläufe braucht niemand, davon hat die welt schon genug. Tschö.

P.S. nach der vernichtenden "somatoformen" **diagnose meines orthopäden** (die ursache der beckenblockade ist psychogener natur!) **& meiner hausärztin** (die menge und vielfalt der symptome spricht stark für ein **überlastungssyndrom**) war ich am 17.4. gezwungen, meinen job zu kündigen, bleibe aber weiterhin mitarbeiter der firma (sprich: nur 50% gekündigt), so daß ich zumindest als aushilfskraft wieder einsteigen kann, sobald die gesundheit mir keinen streich mehr spielt, die strapazen der ausbildung und das sammeln erster praxiserfahrungen *"on the road"* war also nicht gänzlich umsonst... jetzt bin ich als neo-retro-hartz4ler auf der suche nach zeitnahen freien terminen bei medizinischen spezialisten, um die schmerzsymptome irgendwie in den griff zu kriegen, therapeutisch gesehen sozusagen *"zurück auf start"* ;-(

P.P.S. da die therapien langfristiger dauern werden als geplant und langes sitzen am stück zukünftig generell unmöglich ist, mußte ich schließlich mitte mai auch die firma an sich vollständig verlassen, um mir nach der genesung **ein neues tätigkeitsfeld zu suchen, das es erlaubt, die KÖRPERPOSITION PERMANENT ZU WECHSELN, sprich: einen** *"beruf in bewegung"*: stehen, laufen und nur kurzzeitiges sitzen – bin gespannt, ob mir der personenbeförderungsschein noch irgendwie nützlich sein kann...

P.P.P.S. mitte juni 2013 erfolgte dann die aktualisierung dieser publikation (überarbeitung der fototextmontagen), nachdem ich eine waschechte psychotherapie wegen sogenannten SOMATOFORMEN STÖRUNGEN begonnen hatte und von 273 domains sageundschreibe 150 kündigte, um mehrere hundert euro jährlich zu sparen, die ich mir nun mangels arbeit vorläufig nicht mehr leisten kann. das waren noch rosige aussichten, mal mehr als **nur 800 hartz4ro pro monat** zur verfügung zu haben, ja, sogar dank angeblich mühelos zu erreichender beteiligungsquote am schichtumsatz genug, um etwas beiseite zu legen, mal endlich zu SPAREN (allerdings nicht bei der sparkasse, die keinerlei rücksicht auf finanzkrisen der untersten liga nimmt, ich könnte kotzen, wenn ich deren heuchlerisch menschelnde werbekampagne sehe, kein wunder, daß die verzweifelt auf neukundenfang gehen müssen!): für strandurlaub im warmen süden mit meiner liebsten, **für neue kunst- und literaturprojekte meiner trademark POEMiE, unabhängig von der fast aussichtslosen sponsorensuche für experimente in sachen produkt- und modelyrik**, für prophylaktische wellness-maßnahmen in der freizeit, die KEINE KRANKENKASSE übernimmt, um die gesundheit langfristig zu stabilisieren (nur reha-sport 1x die woche ist ja ein gutgemeinter aber schlechter witz! tägliche massagen & meditationen müßten neben den kostenlosen mehrstündigen ganzheitlichen spazier-gängen durch die grüne achse die seelische seite physiotherapeutisch ergänZEN, vorbild dafür ist die **psychosomatische abteilung der berliner TWW-klinik, wo schmerz-punktmassage traumatische emotionen befreit**), und und und...

NOVAMINSULFON: endlich ein Schmerzmittel, das ich vertrage und das sogar wirkt! **(16.4.)**

21.3.2021 / Nachträgliches Update: seit April 2013 hat sich in meinem Leben viel getan und geändert, wie z.B. daß ich inzwischen gegen die Hexenschüsse und somatoformen Ganzkörper-schmerzen das Schmerzmittel Tilidin verwende, aber nur im äußersten Notfall, um nicht abhängig zu werden. **Beruflich konnte ich dann 2018 etwas geeignetes entdecken, woraus sogar mein zweiter Traumberuf wurde, ohne daß mir das vorher bewusst gewesen wäre: Betreuungskraft für Senioren in Pflegeheimen. Die Skandale in der Pflegebranche, die ich dadurch hautnah miter-lebe, vorallem seit der Coronapandemie, finden sich bereits im PDF @ COVIDGESETZ.de doku-mentiert.** *Davor musste ich allerdings zunächst einen ungeahnt existenziellen THERAPIETRIP.de durchmachen und die heilsame Kraft von NULLYOGA.de entdecken, bis ich "zur Ruhe" kommen konnte (also weder Rur & Ruhr, sondern INNERE Ruhe dank ichloser Leere) und bereit war, das Leben entspannter, geduldiger und demütiger wahr zu nehmen anstatt rastlos hyperaktiv...*

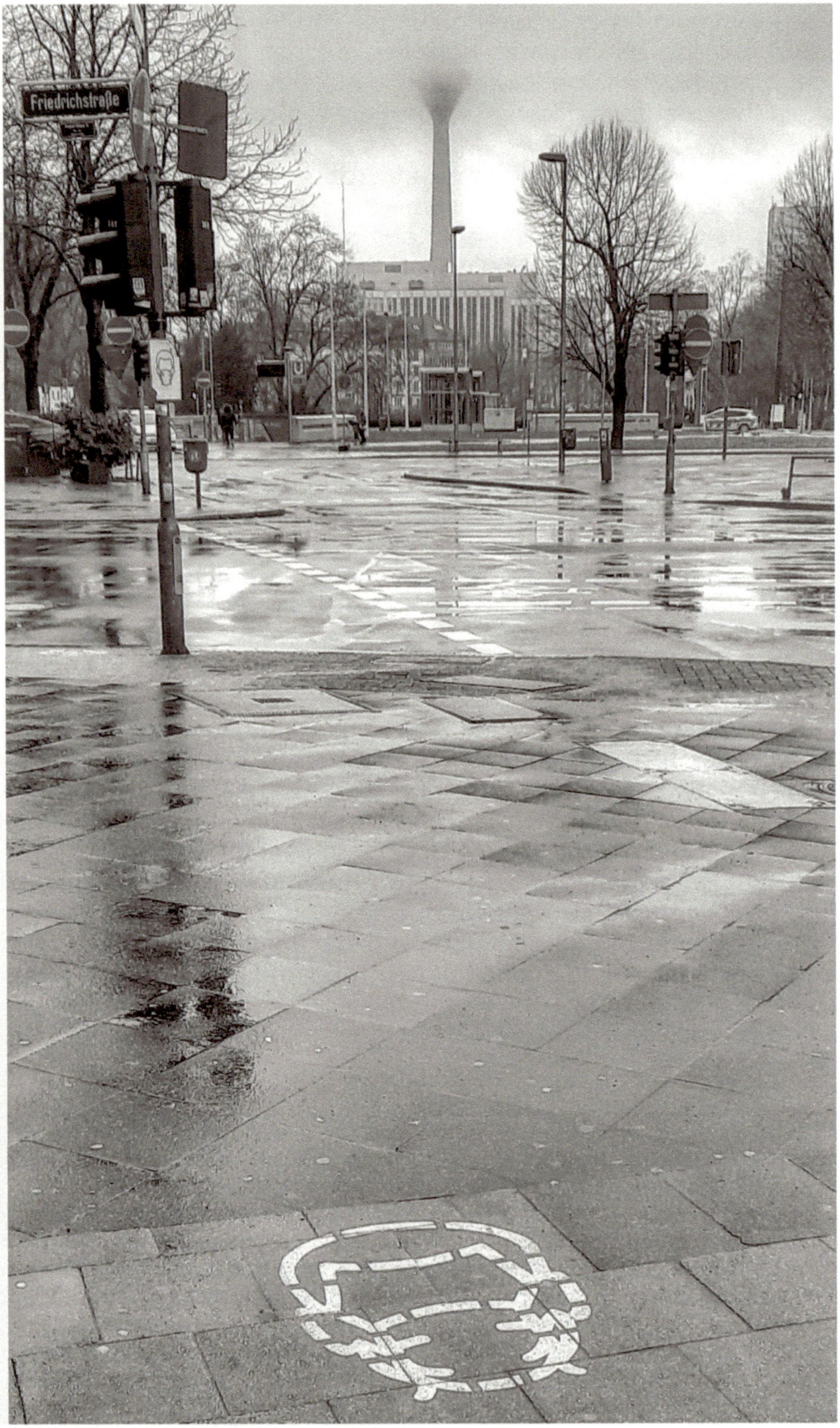
Friedrichstraße

RUR & RUHR vereinigen sich im Hollands Diep des Rhein-Maas-Deltas bei Lage Zwaluwe

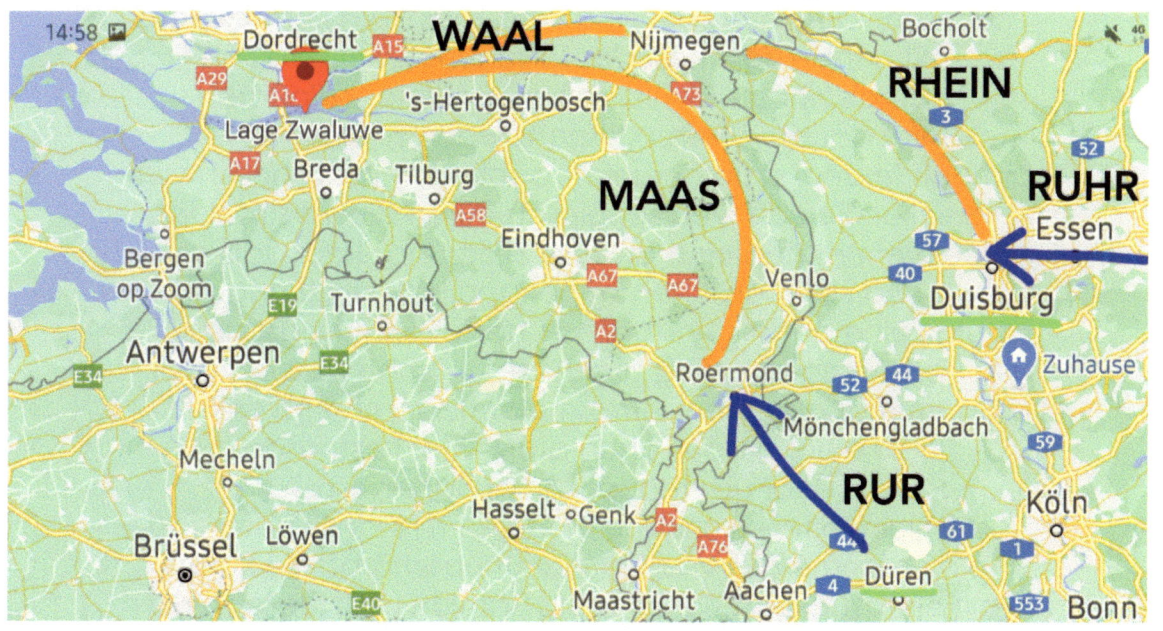

3× "D" als praktische Lernhilfe:
Düren + Duisburg = Dordrecht

6./7.3.2021

IN DER RU[H]R LIEGT DIE KRAFT
(EINMAL JÜLICH/WANNE-EICKEL UND ZURÜCK)

jeder einzelne regentropfen hat einen eigenen klang
jeder tropfen trifft anders auf die scheibe und fließt
auf eine besondere weise am fenster herunter das undicht war
noch kein doppelglas hatte aus den sechzigern stammte
als unsere wohnblöcke direkt an der kuhwiese gebaut wurden
wo später die sparkasse hinkam der metzger der bäcker
die schneiderei und die apotheke das nordviertel wuchs
mit der belegschaft des forschungszentrums das
damals noch KFA hieß aber der "kern" im namen
war der bevölkerung irgendwann zu radioaktiv
auf den feldern drumherum hoppelten ungewöhnlich viele
kanickel die sich wahrscheinlich durch die verstrahlung
rasanter vermehrten eine andere erklärung dafür gab es nicht
und die menschen benötigen eine erklärung
um keine angst zu haben ich hatte auch angst denn
der regen drang durch die undichten ritzen
im morschen fensterrahmen und sammelte sich
zu einer gefährlichen pfütze der rurstausee
war überhaupt nichts dagegen
hier walteten urkräfte in meinem kinderzimmer
die stimme des wassers war unüberhörbar es kam
mit einer rücksichtslosen brutalität von der quelle zu mir
und dachte hier ginge es direkt zur mündung
ich flehte die naturgeister an:
"HIER IST KEIN OZEAN WEIT UND BREIT,
SUCHT EUCH EINEN ANDEREN WEG NACH HAUSE!"
aber es krachte nur fürchterlich blitze verwandelten für sekunden
die bunten tapeten in krankenhausweisse gefängnismauern
ich suchte verzweifelt im dunkeln nach all den
kostbaren stofftaschentüchern von "oma wanne"
mit diesen schwungvoll gestickten initialien meines namens
sie saugten das nasse für eine weile auf wenn ich
den abblätternden lack damit kunstvoll verklebte

(von fluxus erfuhr ich erst später in köln,
falls ich die stadt hier erwähnen darf)
doch es dauerte keine minuten bis sich das rinnsal erneut
an der heizung entlang zum sturzbach auftürmte
die stromschnelle der rur hinter den feldern wo später
die autobahnbrücke gebaut wurde war gar nichts dagegen
ich zog meine bettdecke über den kopf und versuchte
die nächte zu überstehen aber rechnete immer damit
daß der ozean wieder anklopfen würde während ich
tagsüber mit meinem kettcar nicht nur bei schönem wetter
meine kreise um den block drehte
ich war so ein draußenkind der letzten analogen ära
diese gnade war uns allen damals noch nicht bewusst denn
die quantenlosen computer an denen mein vater
die klimadaten berechnete füllten riesige hallen und
waren trotzdem um ein vielfaches langsamer als mein handy
mit dem ich problemlos die mondlandung einleiten könnte
aber ich schreibe nur dieses katastrophale gedicht
ohne reim und komma in den virtuellen notizblock
eine verschwendung der elektronischen kapazitäten
selbst wenn ich die marslandung literarisch simulieren würde
der text hätte nicht das geringste potenzial
eine extraterrestrische biosphäre zu schaffen
gedichte sind weder weltformeln noch
anleitungen zum bau einer besseren welt
aber auch das wusste ich damals noch nicht
als ich das schreiben und lesen verweigerte
was auch der schulpsychologe nicht ändern konnte
MAN MUSSTE GEDULD HABEN MIT MIR – EINFACH ABWARTEN
und die verbliebenen restkompetenzen erweitern
zum beispiel mit legosteinen und sandburgen bauen
ich spielte mit meiner fantasie wie ein gott mit dem urknall
ich hielt sogar die tauben im kleinen wäldchen hinterm haus
für einen uhu den ich erst später in echt treffen sollte:
er saß auf dem grabstein meiner oma als ich sie
erstmals mit meiner mutter kurz nach der beerdigung besuchte
und schaute uns aufmerksam an hatte keinerlei scheu
ließ uns ganz nahe heran kommen und sprach zu uns

durch seinen in sich ruhenden stechenden blick
so daß wir uns beide zu 100% sicher waren
das war meine oma das war ihre mutter
obwohl uns das beiden zu esoterisch vorkam aber
so ist das dann eben mit den gefühlen wenn
dieser frische verlust aus der verwundeten seele klafft
ist man bereit einiges mehr zwischen himmel und erde
zu spüren als im normalen alltag einer typischen kleinstadt
die mich als teenager verrückt machte
die verbotene frage lautete ob diese schöne neue
welt von aldous huxley auch jenseits von jülich
so funktionierte daß man nur schreien möchte
aber als kind hatte ich keinerlei ahnung davon
was mich erwarten würde ich schlief immer im auto
wenn wir nach wanne-eickel fuhren und träumte von der
umgehungsstraße am düsseldorfer rheinufer entlang mit den
knorrigen bäumen als der rheinufertunnel noch nicht existierte
und träumte von einer riesigen windmühle auf einer anhöhe
neben der autobahn als eingangsportal zum ruhrgebiet
träumte vom schiefen küchenboden
unter dem keine kohle mehr abgebaut wurde
mein röntgenblick hatte das rätsel gelöst:
unter den häusern war die erde bis zum mittelpunkt hohl!
das gesamte ruhrgebiet war auf der innersten leere gebaut
die man eigentlich beim meditieren in sich selbst finden soll
aber die echte leere verlief hier gemäß der stringtheorie
quer durch das hart erarbeitete schachtsystem
unter den städten in diesem gigantischen hohlraum
würde einmal der sicherste ballungsraum zum überleben
der menschheit gebaut es gab schon genug pläne für
"*earthscraper im kohlenpott*" (einfach mal googlen!)
im notfall leben wir unterirdisch bis sich das klima wieder erholt
und die marskolonie in betrieb genommen wurde
auch die viren wandern ins weltall mit aus alle lebensformen
nehmen wir mit in das deep space Y raumschiff
das leben in einer fernen galaxie soll so authentisch sein
daß man den heimatplanet nicht vermisst denn
das vermissen ist eins der gefühle die menschen nicht mögen

sie hassen den tod und das sterben das leiden an krankheiten
die unfähigkeit der mediziner die letzten nervtötenden
fragen zu lösen nicht nur die mediziner sondern sämtliche
wissenschaftler aller disziplinen haben versagt wir haben nur
quantencomputer und künstlichen regen erfunden aber
die liebe ist uns abhanden gekommen die liebe die ich
als unschuldiges kind auf der cranger kirmes erfuhr als
meine oma mir das so heiß ersehnte draculaplastikgebiss kaufte
zum entsetzen meiner mutter die aber erleichtert war daß ich
mittlerweile schreiben und lesen konnte den weg zur eisdiele
in der fußgängerzone kannte ich auch auswendig ja
wanne-eickel war ein schlaraffenland mit verrußten häuserwänden
das für den tourismus in herne 2 umgetauft wurde damit
die erwachsen gewordenen kinder eindeutig wissen
wo die fußböden immer mehr absinken und die
stofftaschentücher genäht werden die den ozean aufhalten
der grabstein meines opas liegt seit einigen jahren nun auch
auf dem jülicher friedhof **die achse der erinnerung verläuft
zwischen der ruhr mit dem kleinen "h" und der rur ohne "h"**
die gefühle verblassen der verlust wird erträglicher
meine mutter liegt auch schon in omas nähe und irgendwann
werde selbst ich der jetzt atmet und dichtet irgendwo
zwischen duisburg düsseldorf dordrecht und düren
in einer offenen grube verwesen die mit den heiligen wassern
voll läuft die an einem sonnigen herbsttag im rhein-mars-delta
verdunsten und **das vereinigte lebensgefühl
aus der einen ruhr mit der anderen rur**
auf meine knöchernen überreste abregnen lassen
der spruch auf dem grabstein soll lauten
*"HIER RUHT DER POET, MIT DEM SICH
POLITIKER MORGEN SCHMÜCKEN."*
ich kann meinen post(h)umen ruhm
glücklicherweise nicht miterleben brauche mich also nicht
über die heuchelei aufzuregen es kann mir im grunde
schon heute egal sein wenn die bestechlichen
volksvertreter provisionen einstecken während die
bürger am anderen ende der pandemie verrecken
gedichte konnten noch nie miese charakter heilen

die poesie als eilverbotszone lässt nur jene verweilen
die das lesen zwischen den zeilen genießen
ich kann meine augen nun endlich schließen
ein letztes mal ausatmen mich für immer in ewigkeit
tiefenentspannen auf der rückseite des grabsteins wird
irgendein mit einer zeitmaschine zurückgekehrter germanist
in einem mir unbekannten paralleluniversum
noch vor meinem tod die worte hineingemeißelt haben
"IN DER RUR LAG DIE KRAFT"
während die trauergemeinde meines kosmischen klons
empört vor dem rheinischen platzregen flüchtet
und beim durchnässsten leichenschmaus
das H in der ursuppe sucht mit dem wir alle
unser leben lang restlos beschäftigt sind
dieses gedicht endet hier ohne punkt und komma
der ehrendichta verschläft einfach
den sinnlosen quarantänesommer

JEDER MENSCH HAT

SEINE EIGENE ZEIT

UND GESCHWINDIGKEIT

FREIHERR VON FREIFAHREN

LETZTE

RUNDE

1994 prägte der Lyrikperformer De Toys den Begriff LIVELITERATUR für spokenword Improvisationen, später FREE WORD JAM genannt. Nach der Weltpremiere von "Das Rilke Radikal" als DR²-Urduo zur Finissage der letzten Jahresausstellung *DIE DÜSSELDORFER* im Museum Kunstpalast 1996 folgten Auftritte im Künstlercafé Schlonz und als 10-köpfige Bigband in der Stadtkirche. 1999 erschien dann die Mini-CD *"freies fleisch"*. Das finale Konzert (@abc2go.de) fand 2009 in der Berliner Nikodemuskirche statt. Zwischendurch performte Tom de Toys auch zu elektronischer Musik für **HOLZHUND**. Das hier vorliegende Textheft dient dem Mitlesen beim Anhören der Songs auf **YouTube** (@Poppoesie.de) & **SoundCloud** (Lyriklounge.de)...

13 EUR (D), 52 Seiten, BoD Verlag 2021 © *POPLITERATUR.de*

Tom de Toys live on stage: *"ZIEHT EUER GEHIRN AUS!"*
@ 2.Berliner Socialbeat-Literaturfestival, 08/1994

3 metapoetologische Manifeste und **68** repräsentativ ausgewählte thematisch und historisch relevante **Gedichte von 1990 bis 2000** des Lyrikperformers Tom de Toys (Gesamtwerk über 2000 Gedichte) im Rahmen der damaligen Bewegung namens *"Socialbeat"*, der Neuen Beatliteratur aus den authentischen Anfängen der deutschen Slampoetry: DAS legendäre Schreckgespenst der Lyrikszene. Die **Betriebsblindheit der deutschen Literaturgeschichte** zeigt sich in biederen Standardanthologien mit Preisträgergedichten, die gerne als Kanon des Establishments feilgeboten werden, aber ein entscheidendes **Kapitel der subversiven Undergroundliteratur** tabuisieren – aus Angst, daß der für dumm verkaufte Leser bemerkt, was für eine hohle Popperliteratur ihm angedreht wurde! Auch den Betreiber des G&GN-INSTITUTS De Toys verfolgt dieses **Schicksal der vergessenen Dichter der 1990er** bis heute...

15 EUR (D), 132 Seiten, BoD Verlag   © *POPLITERATUR.de*

IST DAS SOCIAL BEAT
ODER KANN DAS WEG

?

SB

Lyrik der legendären 1990er

POEMiE™

Alle Publikationen von Tom de Toys

- bei Amazon & als eBooks (für Kindle):
NEUROGERMANISTIK.de & **POPLITERATUR.de**
- als iBooks (Apple iTunes & Google Play):
NEUROLITERATUR.de & **Gedicht2go.de**

Weiterführendes von Tom de Toys

YouTube-Video-Playlists: **POPLYRIK.de**
SoundCloud-Audios: **LYRIKLOUNGE.de**
LiveLyrik-Buchung: **SCHULGEDICHT.de**
Ausstellungen: **POSTMODERNEKUNST.de**